U0033747

吳忠信日記補編
（下）

The Diaries of Wu Chung-hsin

Supplement - II

民國日記｜總序

呂芳上
民國歷史文化學社社長

　　人是歷史的主體，人性是歷史的內涵。「人事有代謝，往來成古今」（孟浩然），瞭解活生生的「人」，才較能掌握歷史的真相；愈是貼近「人性」的思考，才愈能體會歷史的本質。近代歷史的特色之一是資料閎富而駁雜，由當事人主導、製作而形成的資料，以自傳、回憶錄、口述訪問、函札及日記最為重要，其中日記的完成最即時，描述較能顯現內在的幽微，最受史家重視。

　　日記本是個人記述每天所見聞、所感思、所作為有選擇的紀錄，雖不必能反映史事整體或各個部分的所有細節，但可以掌握史實發展的一定脈絡。尤其個人日記一方面透露個人單獨親歷之事，補足歷史原貌的闕漏；一方面個人隨時勢變化呈現出不同的心路歷程，對同一史事發為不同的看法和感受，往往會豐富了歷史內容。

　　中國從宋代以後，開始有更多的讀書人有寫日記的習慣，到近代更是蔚然成風，於是利用日記史料作歷史

研究成了近代史學的一大特色。本來不同的史料，各有不同的性質，日記記述形式不一，有的像流水帳，有的生動引人。日記的共同主要特質是自我（self）與私密（privacy），史家是史事的「局外人」，不只注意史實的追尋，更有興趣瞭解歷史如何被體驗和講述，這時對「局內人」所思、所行的掌握和體會，日記便成了十分關鍵的材料。傾聽歷史的聲音，重要的是能聽到「原音」，而非「變音」，日記應屬原音，故價值高。1970 年代，在後現代理論影響下，檢驗史料的潛在偏見，成為時尚。論者以為即使親筆日記、函札，亦不必全屬真實。實者，日記記錄可能有偏差，一來自時代政治與社會的制約和氛圍，有清一代文網太密，使讀書人有口難言，或心中自我約束太過。顏李學派李塨死前日記每月後書寫「小心翼翼，俱以終始」八字，心所謂為危，這樣的日記記錄，難暢所欲言，可以想見。二來自人性的弱點，除了「記主」可能自我「美化拔高」之外，主觀、偏私、急功好利、現實等，有意無心的記述或失實、或迴避，例如「胡適日記」於關鍵時刻，不無避實就虛，語焉不詳之處；「閻錫山日記」滿口禮義道德，使用價值略幾近於零，難免令人失望。三來自旁人過度用心的整理、剪裁、甚至「消音」，如「陳誠日記」、「胡宗南日記」，均不免有斧鑿痕跡，不論立意多麼良善，都會是史學研究上難以彌補的損失。史料之於歷史研究，一如「盡信書不如無書」的話語，對證、勘比是個基本功。或謂使用材料多方查證，有如老吏斷獄、法官斷案，取證求其多，追根究柢求其細，庶幾還

原案貌，以證據下法理註腳，盡力讓歷史真相水落可石
出。是故不同史料對同一史事，記述會有異同，同者互
證，異者互勘，於是能逼近史實。而勘比、互證之中，
以日記比證日記，或以他人日記，證人物所思所行，亦
不失為一良法。

　　從日記的內容、特質看，研究日記的學者鄒振環，
曾將日記概分為記事備忘、工作、學術考據、宗教人
生、游歷探險、使行、志感抒情、文藝、戰難、科學、
家庭婦女、學生、囚亡、外人在華日記等十四種。事實
上，多半的日記是複合型的，柳貽徵說：「國史有日
歷，私家有日記，一也。日歷詳一國之事，舉其大而略
其細；日記則洪纖必包，無定格，而一身、一家、一
地、一國之真史具焉，讀之視日歷有味，且有補於史
學。」近代人物如胡適、吳宓、顧頡剛的大部頭日記，
大約可被歸為「學人日記」，余英時翻讀《顧頡剛日
記》後說，藉日記以窺測顧的內心世界，發現其事業心
竟在求知慾上，1930 年代後，顧更接近的是流轉於學、
政、商三界的「社會活動家」，在謹厚恂恂君子後邊，
還擁有激盪以至浪漫的情感世界。於是活生生多面向的
人，因此呈現出來，日記的作用可見。

　　晚清民國，相對於昔時，是日記留存、出版較多的
時期，這可能與識字率提升、媒體、出版事業發達相
關。過去日記的面世，撰著人多半是時代舞台上的要
角，他們的言行、舉動，動見觀瞻，當然不容小覷。
但，相對的芸芸眾生，識字或不識字的「小人物」們，
在正史中往往是無名英雄，甚至於是「失蹤者」，他們

如何參與近代國家的構建，如何共同締造新社會，不應該被埋沒、被忽略。近代中國中西交會、內外戰事頻仍，傳統走向現代，社會矛盾叢生，如何豐富歷史內涵，需要傾聽社會各階層的「原聲」來補足，更寬闊的歷史視野，需要眾人的紀錄來拓展。開放檔案，公布公家、私人資料，這是近代史學界的迫切期待，也是「民國歷史文化學社」大力倡議出版日記叢書的緣由。

補編導言

王文隆
南開大學歷史學院副教授

　　《吳忠信日記》原藏於中國國民黨黨史館,並有副
本存於國史館,始於 1926 年,終於 1959 年,除 1937 年
及 1938 年之日記因 1941 年年底香港淪陷焚毀之外,
三十四年間的日記大抵完整。由於吳忠信是蔣中正身
邊極重要的幕僚與親信,協助蔣中正鞏固地方、協調邊
疆、穿梭傳話以及調和人事,日記所述能大大補充檔案史
料之外的細節,且能與時人日記相比對,更臻事實之完
整。然日記原件皆為手稿,多半為較難辨識的手寫體,
不僅沒有句讀,更有草書、行書與異體、錯漏間雜其中,
增加了識讀的難度,加以該日記取見不易,以往利用者
並不多。現經民國歷史文化學社敦請專家協助識讀,並
重新編排打字,自 2020 年夏天起陸續出版,增益研究
者取用該資料的便利性,而今已然陸續出現利用該日記
為據撰述的研究成果,豐富了中國近現代史關於政黨政
治、邊疆治理、央地關係,以及戰時動盪的認識。

　　吳忠信一如當時代裡的幾個重要人物一般,相當重
視往後的歷史評價,除了存留最直接的日記文本外,亦
自行整理日記或相關文書,或是委請幕僚協助收整相關
資料、謄錄日記內容,也會提取日記重閱再加增刪,以

此做為百年之後為己篆刻的豐碑、辯護的資材，這也是
《西藏紀遊》、《入藏日記》以及《吳忠信主新日記》
之所以彙整出版的原因。然而，外界所不能知悉的是，
除了這些所見的資料之外，吳忠信是否還留存了其他相
關的文件。

補編緣起

　　吳忠信與元配惟仁夫人未有子嗣，後引入側室留有
四個孩子，一女三男，分別是馴叔、申叔、庸叔、光
叔，前兩名為側室湘君所生，後兩名為側室麗君（麗
安）所生。年紀最大的長女馴叔於中央大學畢業後，赴
美留學伊利諾大學期間，嫁給了計量經濟學家林少宮，
在美生下長子子美與次子子久。吳忠信對於外孫的出世
相當高興，兩個孩子的名字也都是吳忠信取的。馴叔在
1954 年隨丈夫帶著兩個稚齡的孩子子美、子久回到中
國大陸。爾後，林少宮被安排到位於武漢的華中工學院
（現為華中科技大學）任教，馴叔也在該校擔任外語教
學工作，舉家在此定居，囿於當時臺海兩岸局勢所限，
馴叔不得不斷了與臺灣的聯繫。長子申叔為知名畫家，
除了畫作留世之外，最轟動的要屬與明星王莫愁的姻緣
佳話，然婚後三年即於 1967 年因肺病辭世。次子庸叔
臺大農業水利工程系肄業，考取赴美留學資格，爾後成
為知名的電算專家，2021 年因 COVID-19 在美辭世。
幼子光叔在臺大機械系畢業後亦考取赴美留學，改習工
程，為留美工程學家，曾於 1982 年 2 月於北京和鄧小
平會面，之後返臺擔任第一銀行董事長，亦投資華一銀

行任董事長，為知名銀行家，於 2002 年辭世。

　　吳忠信除日記外，另有來臺後於閒暇間追述的補記，封面題為《禮老日記手稿》。吳忠信於 1959 年 12 月 16 日因肝病身故於臺北榮民總醫院，於次年 4 月 26 日葬於陽明山公墓。吳忠信故去時，因馴叔滯留大陸未歸、庸叔在美求學，該手稿先存於長子申叔處，申叔過世後，轉由次子庸叔與幼子光叔保管，大多數時間存於庸叔處。馴叔次子子久於 1983 年赴美發展，其兄子美於兩年後亦前往美國留學，自此在美定居，兩兄弟在美與庸叔、光叔聯繫上。隨著庸叔自覺年事漸高，慮及子嗣皆在美出生，不識中文，乃於 2011 年將《禮老日記手稿》轉交子久庋藏。為避免原件損耗，在子美的建議下，子久將原件數位化，製成 PDF 檔案，永久保存。因而《禮老日記手稿》的複印件也存了一份於子美處，由他帶返武漢呈母親親睹，一解馴叔因兩岸分隔而未盡的思念。兩岸局勢和緩之後，子美、子久皆曾來臺祭掃吳忠信墓。

　　民國歷史文化學社出版《吳忠信日記》的消息，在學界頗有流傳，馴叔、庸叔亦獲悉此事。子美知編者為後學，於 2021 年 4 月初來函致意，這是我身為《吳忠信日記》編者與家屬的第一次接觸。藉著 2021 年 7 月初受邀造訪華中師大演講的機會，我往訪長居武漢的馴叔，並見了自美返華陪伴母親的子美，我們相談甚歡，也與遠在美國的子久視訊，在我造訪武漢的短短四天內，我們見了兩回。對一個編者來說，能親眼見到所編資料中的人物，聊一聊日記中所出現的一些記事，藉以對比和

驗證，是一件相當幸福的事。生於 1926 年的馴叔年事
已高，但對於年輕時的記憶卻仍深刻，她還能清晰而準
確地唱起南開中學的校歌，對於父親也懷有諸多思念。

就在此行，我從子美處見到了《禮老日記手稿》的
複印本，經翻閱後感其價值，乃談及在臺出版的可能，
獲得家屬的正面回應。我深謝家屬對我的信任，同意該
手稿由我協助辨識、繕打與校訂，同樣交民國歷史文
化學社出版，列於已出版之《吳忠信日記》系列補編。
家屬本於史料共享的初心，並沒有提出額外的要求，對
於內容也尊重原著不加增刪，全數保留。經過約莫一年
的著錄與校讀，期間還遭逢天津數度疫情反覆的干擾，
《禮老日記手稿》於 2022 年初夏完成相關的編校工作，
進入出版排程。

補編內容簡介

《禮老日記手稿》起自 1918 年，終於 1942 年，年
份並不連貫，僅有 1918-1919、1926、1928-1938、1941-
1942 年。

該批資料封面雖寫著《禮老日記手稿》，但或許能
區分為兩個部分。

第一部分是 1918-1919、1926、1928-1938 年這幾塊，
嚴格來說並不是日記，它沒有逐日記事的特性，基本是
事後的追記，而也由於是事後所補，或是以原存日記為
憑的追述，使得這部分比較像是紀事本末。例如 1918-
1919 年這部分，並沒有原存的日記，吳忠信便以時間
為軸、事件為繫，詳述前因後果與發展，追述跟隨孫中

山參與南方護法軍政府的重大事件，以及和蔣中正一同參與援閩粵軍的交往。又如 1926 年這部分，吳忠信已經開始寫日記了，雖零零散散並不連貫，然仍以日記為本，按日錄下覺得重要的事件本末，例如 1926 年 12 月間受蔣中正之邀而參政，便以六頁的篇幅詳載始末。此外，他還特別書及同意參政時與蔣中正言定的三項說明，即擁護蔣中正為領袖、不再帶兵，以及只聽最高黨政命令三條，並強調此後參政皆以此為圭臬。

第二部分是 1941-1942 年，自日記摘要整理、重新謄錄而成的《卅年冬甘寧青考察日記》與《卅一年夏赴陝甘寧青新日記》，這書稿在 1958 年 6 月整理完成，分別載錄 1941 年 10 月 23 日起至同年 12 月 17 日赴甘寧青考察黨政，以及 1942 年 8 月 15 日至同年 9 月 14 日，陪同蔣總裁與蔣夫人視察西北，並隨蔣夫人視察新疆的紀事。該部分脫於原本日記，但有增刪，添了一些背景的補述。除了日記之外，吳忠信還以該年度的大事為附記，同樣採紀事本末的方式附錄於後，就編排的情況看來，這應該是原本計畫要出版的。然而，或因吳忠信爾後身體情況不佳，這段日記未及刊印，僅留下手稿，至今才面世。

結語

《吳忠信日記補編》最好能和《吳忠信日記》搭配閱讀，後者是逐日錄事，貼近當日感受，前者是紀事本末，敘事較具脈絡，兩者互為補充，能更掌握吳忠信的思路。或許吳忠信本有在退休後逐年編錄補編的計畫，

一如同鄉好友刁抱石在《吳禮卿先生逝世悼念專輯》
追憶：吳忠信在晚年想寫回憶錄或自傳，然而卻事與願
違，編錄未完便駕鶴西歸。

　　吳忠信一生公忠體國，對於家人的惦念也常表現於
日記中，尤其著重於家人的健康、孩子的前途和出路。
而今，他的子孫們透過授權，使吳忠信的手稿能便於閱
覽和利用，也算是一種反哺吧。家屬對於資料公開的無
私，以及對於日記出版的支持，皆使學界有機會一睹吳
忠信的內心世界，搭配上史料與其他周邊的素材，小至
個人史、生活史、家族史，大至民國政治史、邊疆史與
宗教史，都能有所拓展，在此深致謝忱。

編輯說明

一、本書分為兩部分，第一部分為吳忠信日記補編，
其中 1937-1938 年已收錄於《吳忠信日記（1937-
1939）》中，茲為維持家屬提供資料的完整性，再
錄於本書中。第二部分為闕漏補遺，經熱心讀者提
供日記原稿缺頁，謹申謝忱。

二、古字、罕用字、簡字、通同字，在不影響文意下，
改以現行字標示。編註以【】標示。

三、作者於書寫時，人名、地名、譯名多有使用同音異
字、近音字，落筆敘事，更可能有魯魚亥豕之失，
為存其真，恕不一一標註、修改。

目錄

下冊

吳忠信日記補編

1937 年（民國 26 年） 54 歲

民國二十六年、二十七年原有簡單日記，因內多關于蒙藏記載，故于廿八年入藏時隨身攜帶，以備參考。迨過香港時感覺攜帶頗為不便，乃將此兩小冊留在香港家中保存。民國三十年日軍佔領香港，麗安等恐日軍檢查家中，乃焚燬之，殊為可惜。現在只能用回憶與調查當年大概情形耳。

七七盧溝橋事變，中國堅決抗日

七月七日夜間，日軍在宛平縣屬盧溝橋附近舉行夜間演習，藉口搜查失蹤一兵士，襲擊我宛平城。我駐軍吉星文團長以守土有責，奮起還擊。中日八年大戰從此開始，而演成世界第二次大戰。

時屆暑期，行政院各部會長官均遷往盧山辦公，七七事變局勢嚴重，行政院長兼軍事委員會委員長蔣公召集行政院院務會議，決議對日抗戰。我等各部會長官即于七月十三日連袂回京，蔣院長發表對外聲明，堅決抗日，誓不屈服。

日本軍閥明瞭中國不肯屈服，駐華北日軍司令致最後通諜于宋司令哲元，隨即進攻駐通州中國軍隊，飛機出動轟炸廊房兵營。我軍于八月四日放棄北平，從此華北非我所有矣。

淞滬失利，政府遷渝，南京棄守

八月十日下午，上海虹橋日軍與我衝突。八月十三

日上午九時，淞滬戰役正式開始，敵人飛機出動，盲目亂炸，死傷慘重。八月十四日，敵我空軍首次交戰，我空軍大獲勝利，所以後來以八月十四日為空軍節。

敵軍以陸海空三軍壓倒優勢，用猛虎搏兔方法向我軍進攻。我軍士氣甚旺，前仆後繼，寸土必爭，以肉彈對鋼彈，其犧牲精神可歌可泣。益以敵人火力猛烈，不得已由吳淞砲台灣轉移至瀏河之線。嗣敵人集合機械化部隊實行中央突破，此新戰線亦不能保。再轉移陣地，但敵人援軍又在杭州灣北岸金山衛登陸，撫我側背。至十一月九日，松江被陷，我軍乃于是日下令上海全線撤退。此後敵人陸續增援至三十萬人，我軍亦以主力使用于淞滬，相持三個月，殊出日人意料所不及，亦為國際所重視，從此提高中國軍事的聲威。此後日本損失六萬人，中國軍隊死傷當然也是很眾。

當淞滬大戰三個月時間，首都南京人心異常沉著。自八月十五日起，敵機首次襲京後，每日來襲幾無間斷。京中各機關辦公時間改為夜間，首都臨時所建防空壕，大都祇是在壕上蓋木板加鋪薄土，簡陋異常，只能防炸彈破片。各機關為避免空襲起見疏散辦公，蒙藏委員會遷至中華門（即南門）西面花露岡，余亦住此，因地憑城垣，尚屬安全。

中央政府遷重慶，蓋自淞滬失利後，敵人繼續進佔蘇州，另部敵軍向吳興、泗安、廣德前進，皖南吃緊。余于十一月十六日午後四時陪同章嘉呼圖克圖晉謁蔣委員長，章嘉新近由五台來京報告山西敵人情形。章嘉先退，余與蔣委員長談當前軍事，余曰：「守南京必定要

能守皖南，尤其要能守江陰、常州、吳興一線，否則政府必須從速遷移。」蔣曰：「預備遷移。」余又曰：「關于遷移地點議論紛紛，有主張在廣州者、在西安者、在武漢者、在四川者。我的意見因為南京不安全，所以要遷都，故以遷到最安全的地方為原則。為持久戰，我以遷到四川為妥，但成都與重慶都是可以的，或先到重慶再說。」蔣曰：「一定遷重慶，以後不再遷移了。」接著又曰：「明晨開會決定。」余曰：「既如此，余即將經廣西赴渝，觀察西南形勢。」蔣表示贊成。次晨（十一月十七日），在鐵道部地下室召開國防會議，決議遷都重慶。

　　南京棄守，因吳錫、江陰繼蘇州而失守，皖南廣德、宣城一帶亦為敵佔領。敵海軍沿江而上，南京震動。十二月四日，敵以主力沿京滬路，一部沿京杭路，出現于秣陵關及句容。至十二日雨花台不守，遂下令放棄南京。我軍因退路全失，守城部隊壯烈犧牲。敵佔南京後大肆劫掠，屠殺奸淫無所不為。我無辜民眾及徒手兵士用繩索綑綁，每百人或數百人連結一團，用機關槍掃射，或用火油焚燒。其強姦婦女難計其數，在一日之間竟有將一個婦女強姦至三十七次者，被姦之婦女其年有僅十二歲。同胞被其殘殺者，估計所及當在十萬以上。此等慘痛，吾人子子孫孫永世難忘。日寇雖在南京獲勝利，永遠留下一個野蠻的汙點，當時適有若干中立外國觀察家留在南京親自所睹者，後來將日軍野蠻情形向世界公佈。

　　有一位大坂朝日新聞記者談到他對于本國軍隊的感

想，他說：「日軍此次作戰雖佔優勢，但軍隊本質已壞，無法救治。無論上海、南京、蘇州、杭州，日本官兵紀律之壞，無以復加。遇見女人，不問老幼，任意奸淫，強姦之後加以慘殺。逢到壯丁，更是一律殘殺。種種慘酷行為，全無人道。到一城鎮任意劫掠，搶了東西還要焚燒房子。上行下效，無法約束，這實在是日本最大的隱憂。」

因日本侵略促成國內大團結

自戰事發生，余迭電李宗仁諸同志擁護抗日，彼等一致贊成。李宗仁、白崇禧、陳濟棠先後來京共赴國難，並調廣西廖磊、韋雲松等軍參加淞滬之役，李宗仁受命統率南京以北津浦線軍隊之重要任務。余歷來主張團結禦侮于以完成，其他前與中央不合作領袖們，中央歡迎加入政府，畀予重位，一切派系意見概予遏止。全國無條件大團結，其新興氣象為從來所未有。

余由南京陸路赴重慶

余既認為抗日必須以西南各省為持久戰根據地，為澈底明瞭西南現實情形，故于中央十一月十七日決定遷都重慶後，余即于是日偕周昆田、張國書乘汽車離京，循京贛國道，經湘、黔各省赴渝，行政院秘書徐道鄰、徐象樞諸君與我們同路赴渝。過蕪湖時，與倪校長世雄通電話，告以準備撤退。過宣城時，天植姪等來見。天植現任宣城中學校校長，告以敵人進攻南京必定先佔宣城，敵人如聞中央政府遷移，即將轟炸宣城，從速準備

撤退。天植答曰不論時局如何危急，當儘量設法將學生交還家長，如遠道不能回家，則集體撤退至安全地方。余極贊成，天植此種處置，切合時宜。余等繼續前進，是晚宿績溪縣。十一月十八日清晨出發，過歙縣，遠看黃山群峰競秀，惜未能前往一遊為憾。是晚宿江西景德鎮，此地方乃世界文明中國磁器出產地。十九日午後抵南昌，因修理汽車，在南昌耽隔一日。敵人于二十日轟炸宣城，友人張我華等遇難。

十一月廿一日清晨由南昌出發，午後抵長沙，湘黔鐵路工程處總工程師裴益祥（季浩）來告湘省情形。

十一月廿二日晨由長沙出發，裴益祥親自陪我們赴桂，深恐沿途不靖，並派衛士隨行。是晚宿衡陽友人謝炎煊（文炳）家中，其招待殷殷。謝氏係余前在廣東時軍隊老同事，感情素篤。廿三日晨由衡陽出發，午後抵桂。黃主席旭初與黨政軍各當局及友好出城郊迎，無任感荷，遂下榻樂群社。

本擬在桂林小住即行，因接考試院戴院長季陶兄由南嶽至黃主席電，約余留待一同入黔。其原電：

桂林黃主席旭初兄並轉吳委員長禮卿兄：

弟本日抵南嶽，至多五日後可抵桂林轉赴貴陽，禮卿兄能留待同行否？均盼電示。

弟戴傳賢叩
敬（廿四）

除黃主席于廿六日復電歡迎外，余即復電在桂等候

同赴貴陽，請即日起程云云。戴院長于十一月卅日午後二時抵桂林，余與桂林名流「呼為桂林三傑」之馬君武、鄧家彥（孟碩）、王季文（乃昌）及黨政軍當局出城郊迎。

自十二月一日至十二日記載，係參考戴院長隨從秘書陳天錫兄（號伯稼）逐日之日記，所以較為詳盡。一、二兩日陪戴院長游覽獨秀峰、疊綵山木龍洞、伏波山環珠洞、良豐花園等名勝，這都是民國十年余駐軍桂林舊游之地，回憶當年，青山依舊在，人事已滄桑。

十二月三日早六時，偕戴院長及陳天錫、周昆田、張國書諸君首途赴黔省府，諸君及友好送行者甚眾。下午二時抵柳州，住樂群社。戴院長以連日疲勞，擬明（四）日在柳州休息一天。

十二月五日，天陰。午餐後起程，四時抵慶遠，宿慶遠樂群社。

十二月六日星期，天晴。未明即起早餐，七時起程，在河池縣早餐。下午過南丹縣，未停。四時到六寨，即在車站住宿。貴州省政府派視察萬中權等帶保安隊在此迎護。

十二月七日，天陰。未明即起早餐，黎明起程，午抵獨山縣午餐。下午四時半抵都勻縣，住宿縣城之中學校。本日路程較短，但因路爛難行，損壞乘車機件，修理耽延時間。

十二月八日，天陰。黎明早餐後起程，午抵貴定縣，下午三時半到達貴陽城。因余曾任貴州省主席，黨政軍及各機關多係余舊日同事，又因戴院長初次蒞黔，

彼等出城熱烈歡迎，無任感荷。下榻行營。

得悉班禪大師月之一日在玉樹圓寂，遂與戴院長去電弔唁。其電文云：

玉樹西陲宣化使行轅秘書長暨趙專使鑒：

　　昨晚由京到達貴陽，驚悉班禪大師在行轅圓寂，不勝哀悼。一切飾終辦法，國府必有隆典，謹先電唁，俟到達重慶後，當再行電聞。

戴傳賢、吳忠信

佳

　　蓋班禪在佛教地位崇高，素為中央所優遇，中央必須派大員前往致祭。因戴院長係班禪弟子，余主張由蒙藏委員會呈請中央派戴院長前往致祭，戴甚表贊同。此次道經廣西，因李德鄰、白健生均在前方指揮軍事，未得見面。德鄰特來支電，表示未能親在桂林歡迎余與戴院長。覆電如下：

徐州李司令長官德鄰兄惠鑒：

　　支電敬悉。此次觀光桂省，諸般建設綱舉目張，樸實嚴肅，上下一心，隨地表現。而目下出師抗日源源不斷，亦實由此造成，曷勝佩仰，謹電奉布。健生兄處並祈轉達鄙忱，因未悉行跡何處也。

弟戴傳賢、吳忠信叩

佳自貴陽發

余此次在桂省耽隔十日，與各方人士不斷接觸，交換意見。深知桂省民生安定，秩序良好，軍民合作，堅決抗日。在此非常時期，有此非常精神，堪為國家民族慶。隨將廣西與貴州安定情形、抗日精神電報蔣委員長，以釋遠念。

十二月十日，天陰。上午七時出發赴渝，貴陽黨政軍各當局送出城外。十一時到養龍場午餐。至下午一時半渡烏江，河寬而水急，約二小時始渡畢。到遵義城已五時餘，是晚宿江公祠。

十二月十一日，天陰。未明即起，黎明早餐，起程。十一時抵桐梓縣，午餐後繼續前進，有高山峻嶺，頗覺難行。而最高之花椒坪者，雲霧濛濛，又多萑苻出沒。午後四時半抵松坎，即宿于此。黔省派萬視察中權率隊沿途護送，亦止于此，以過此不遠即屬于川省之綦江縣界也。

十二月十二日黎明出發，路徑仍多高山，傳聞匪風甚熾。午間抵綦江，在孔廟中餐後就道，下午五時後到重慶之南岸海棠溪。考試院及蒙藏委員會同人及向育仁、曹纕蘅、謝鑄陳、許靜芝諸位與夫各機關人員迎候者亦多，隨即渡江。余寓兩路口新村五號，戴住陶園。最不幸的，南京于今（十二）日放棄。

惟仁夫人等由廬山轉赴重慶

惟仁夫人于七月初旬偕馴叔、申叔兩兒赴廬山避暑。文叔姪時在日本讀書，感覺中日大戰勢所難免，乃間程返國，于八月八日至南京，余命之即往廬山。迨上

海國軍轉進，首都已受威脅，余即電告惟仁夫人等從速準備入川。十一月十六日，惟仁夫人偕文叔、馴叔、申叔及叔仁與其家眷下山至九江。十七日夜，自該處乘公和輪赴漢口。是時沿江居民紛紛內遷，水陸交通空前擁擠。公和輪滿載難民，食料大感困難，偶獲一碗飯分給馴叔、申叔二人充飢，都屬不易，因他二人特別肚餓。至十八日晚到達漢口，住了數日，搭監察院與蒙藏委員會差輪民本號入川。舟行旬日，于十二月四日始平安到達陪都重慶，租住兩路口新村五號（孔德成奉祠官、王寵惠先生均住新村），約旬日後移住黃山，戴院長亦移黃山。請周昆田為馴叔補習國文、英文、數學。即在黃山過舊曆年，並招待國民政府林主席子超先生遊覽黃山，在余寓午餐，主席精神矍鑠，為國事之樂觀象徵。又在黃山寓所招待西藏攝政熱振呼圖克圖重要代表龍圖嘉錯及大喇嘛貢覺仲尼及藏代表等，談中央西藏關係，頗有進展。他們無意中見寓中惟仁夫人靜修佛堂，予彼等深刻印象。

嗣以蔣委員長將來渝，決定以黃山為官邸，戴院長季陶回住陶園，余家遷化龍橋。

方叔姪本留居蘇州寓所，迨淞滬撤守、蘇州危急，余託管理作戰後方交通陸福廷兄予以幫助。陸令其部下必須候吳方叔到達後，最後撤離蘇州火車始准開出。當時蘇州秩序已亂，城門時閉時開，方叔想盡方法始得出城，至火車站搭最後一班火車撤退南京，隨即平安轉來重慶。陸福廷兄為人誠實，能在危急中幫忙方叔，致深感佩。

麗安女士赴滬，光叔兒出生，轉遷香港

　　日軍在華北得手後，目標轉移上海，其戰事有一觸即發之勢。而麗安女士懷孕，將于九月間分娩。余有鑑于民國廿一年一二八淞滬抗日期間，正是羅湘君女士在蘇州產生申叔兒之際，人心惶惶，不可終日，因此羅女士產後失調不幸逝世，故決定將麗安等遷移比較安全的上海外國人租界。適內弟沈兆麟肄業于北平燕京大學，受戰事影響趕回蘇州，于是麗安于八月二日偕兆麟弟、庸叔兒赴滬，租賃法租界劍橋閣房屋居住。余亦于八月二日午後離開蘇州，當時陳光甫兄住在余家，與近鄰羅佶子諸先生都認淞滬不致發生戰爭，余則強調必將發生戰事，促其快快遷移。羅家遷移較遲，後來相當吃虧。

　　八月十三日，中日淞滬大戰爆發，敵機投彈有落入租界者，人民時有傷亡。平日視租界為安全樂土者，今則一夕數驚，大感不安。我空軍因初期作戰消耗太大，補充不易，上海制空權盡落敵手，我空軍只能夜間冒險出動擊炸。麗安女士于九月十八日夜十一時產生光叔兒，即農曆丁丑八月十四日亥時。當時正是國軍飛機夜襲黃浦江中敵海軍，發生大空戰，炸聲如雷，屋瓦動搖，炮火連天，閃光耀目。所以光叔兒出生後手足不時驚動，這是孕婦產前恐怖之原因。又以丁丑年，丑屬牛，故光兒乳名牛弟。

　　嗣以我軍放棄上海，繼又放棄南京，麗安等乃于十二月十六日與吳少祐兄家眷一同乘輪赴香港，租香港贊善里二號房屋居住。

最大不幸，敬叔姪病故廬山

　　敬叔姪本肄業北平輔仁大學三年級，七七事變後，敬叔由北平危急之中脫險，赴廬山。

　　八月廿五日道叔姪自京過九江赴南昌時，伊與文叔姪聞訊，于是日午後同往九江會晤，往返步行凡數十里。次日尚遊廬山名勝，廿七日起精神稍呈萎頓。初請國醫范石生為治，認係感冒，服藥數日未見功效，亦無嚴重象徵。至九月三日晚突發高熱至 104 度，四日起請西醫吳達表診治，認或係感冒，六日病勢漸加重，熱度仍在 103 至 104 之間。是日下午即投住牯嶺醫院，並由吳醫生診治。入院後為之驗血洗腸，發現白血球只有五千餘個，大便中夾有血塊甚多，吳醫師認為腸已斷裂，須行手術，又與其他醫師研究，次日即決定暫毋需開刀。八日道叔趕至廬山，其時病無變化，僅熱度忽高忽低。九、十、十一，三日情形相似，十二日上午熱度降低，但自午後起腹部忽而作痛，胸部脹塞。至十三日病無起色，上下氣難以銜接，熱度升降毫無規則，但尚不斷言腸已斷裂也。十四日上午經數醫會診，始認腸部斷裂，上下氣在腹膜內，雖經抽排，毫不生效，藥力又不能達，群醫相對無策。此時敬叔姪病雖已進入強弩之末，但神志極其清楚，他向惟仁老太太曰：「嬭嬭，我眼一閉起即是另外一個世界，現在不敢閉眼，要快想方法呀！」老太太答曰：「我們是在想方法，你安心吧。」延至十四日午後一時許逝世，得年二十五歲，棺柩託九江警備司令陳鳴夏先生代寄，停普潤寺內（後由道叔移至九江市外某地安葬）。惟仁老太太

始終目睹敬叔病逝情形，悲感萬分，以淚洗面，其傷痛
非筆墨可以形容者。敬叔品格端方，體魄素健，有膽有
識，為我與惟仁夫人在子姪中最歡喜的一個，正期教育
成人，何天不佑。如此青年如此短命，誠吳門之大不
幸，亦余個人大損失，嗚呼痛哉。就敬叔病逝經過情形
而論，可能是傷寒症，其致病之遠因由北平冒險南返，
近因數小時往返九江晤道叔，上下山都是步行。假定沒
有七七事變，敬叔不會冒險來廬山，道叔不會到南昌過
九江，歸結言之，敬叔之死實死于日本小鬼侵略之手。
這個記載有係文叔筆記，有係惟仁夫人口述。

附記余兩次夜夢脫牙語天幹、敬叔兩姪之逝世

嘗聞人云「夢牙落則傷六親」，余從不信夢驗，然
以生平經驗，亦不能無疑。余上右門牙于民國五年陳英
士先生在滬遇刺時避彈碰脫，繼補一磁牙。民國廿二年
因事留香港，忽夜夢此牙脫去，當時恐吞入腹，意頗
急，及驚醒，牙固未動。不意未隔多日，而得天幹姪在
皖病故之訊。若敷會言之，所脫去為假牙，而傷亡者為
姪輩也。

本年（廿六）秋，余在南京又夢右上第三牙脫去，
無血而餘筋未斷，牽繫甚長。余意以一手指將之納入原
處，但仍動搖欲墮。迨醒後，牙好如常。及敬叔姪在廬
山患病甚劇，余心憂之，然以夢如果驗，則脫牙之後嵌
入原處，當應無生命之虞。因告左右，敬叔病雖嚴重，
可不致死，詎料後竟逝世。或以脫去而再嵌入，即成假
牙，所驗者仍為姪輩耳。姑記之，以待將來科學證明之。

1938 年（民國 27 年） 55 歲

民國廿七年日記既在香港家中與廿六年日記同時焚去，已在上年記載說明，茲不再贅述。現在只有仍用回憶與調查廿七年之大概情形。

行政院改組，余由渝飛漢口

一月一日，國民政府改組行政院，准蔣委員長辭行政院長兼職，以孔祥熙繼任行政院長，張羣任副院長，翁文灝任經濟部長，張家璈任交通部長，陳立夫任教育部長，其他軍政何應欽，內政蔣作賓，外交王寵惠，蒙藏委員會吳忠信，僑務委員會陳樹人均仍舊連任，海軍部裁撤。

孔院長迭次來電促余赴漢口，余偕周昆田前往漢口，下榻舊法租界羅吉飯店，楚明善、吳魯書等乘輪赴漢口，在舊日租界大正街十號組織蒙藏委員會駐漢辦事處。

出席臨時全國代表大會

三月廿九日在武昌召集本黨臨時全國代表大會，大會議場設于珞珈山武漢大學禮堂，出席代表及我等中央執監委員共五百餘人。大會收穫甚豐，其重大決議有：

一、推舉蔣公為本黨總裁，蔣公建議推汪精衛為副總裁。

二、制定抗戰建國綱領。

三、設立國民參政會，網羅黨內外賢才，為全國最高民意機關。

四、設立三民主義青年團，以培育本黨新生力量，其後
　　乃有十萬青年之壯舉。

中央政府自武漢撤退，集中重慶

　　日軍攻陷南京後，敵欲乘機迫我屈服，而未能如
願。復先後佔據華北、西北各重要城市，而鄭州、徐州
之戰略要地亦在敵手。我軍雖獲得一次世界稱許的台兒
莊最大勝利，亦不能挽回武漢的命運。但在心理上，台
兒莊之役于中國士氣莫大鼓勵，並稍慰八閱月來全國同
胞之期望。至六月間敵軍攻陷安慶，迫近九江，對武漢
的包圍形勢已成。七月中旬，國防會決議中央國府各機
關人員集中重慶。

　　余偕周昆田于八月廿七日乘水上機飛渝，與僑委會
陳委員長樹人同行，陳氏在機中吟哦不絕。抵渝後仍
住兩路口新村五號，蓋惟仁夫人以先期由化龍橋搬回
五號。

　　日本軍閥見中國革命後建設突飛猛進，坐臥不安，
實行威脅利誘，不戰而屈服我之戰略。萬想不到我堅決
抵抗，不能遂其目的，不得已動員海陸空三軍主力，欲
求速戰速決的戰略又成幻想。中國為持久戰戰略，以空
間換取時間，集小勝而成大勝，引敵人深入內地，敵愈
深入，我愈有利。自七七蘆溝橋事變至武漢放棄，其中
經過一年多時間，更見敵人戰略失敗，而中國戰略完全
成功，益使世界震驚，重新估計中國力量。

中央派戴院長傳賢致祭班禪大師

自蘆溝橋七七戰事發生，奉政府命以避免對英外交之刺激，轉告班禪大師暫緩回藏時，班禪大師已快抵黑河，祇得退駐玉樹。不料昨年十二月一日，班禪大師在玉樹圓寂，當時余與戴院長正在經黔赴渝途中，即由貴陽共同去電弔唁，並徵得戴院長同意代表中央前往致祭。嗣由蒙藏委員會請行政院轉請國民政府發佈明令。

廿六年十二月廿三日，國民政府令特派考試院院長戴傳賢前往康定致祭護國宣化廣慧圓覺大師班禪額爾德尼。

同日國民政府令褒揚大師，照錄如下：

國民政府委員西陲宣化使、護國宣化廣慧大師班禪額爾德尼，覺性圓明，志行精卓。早歲翊贊統一，懋著功勳，比年闡教西陲，勤宣德化，邊民感戴，稱頌翕然。眷懷勳勤，震悼彌深，應予特令褒揚，追贈護國宣化廣慧圓覺大師封號，並著給治喪費一萬元。特派考試院院長戴傳賢前往康定致祭，用示國家篤念殊勳之至意。此令。

改令戴院長至甘孜致祭之經過，查班禪大師在玉樹圓寂後，為保護靈襯及行轅人員安全及減少拉薩政府誤會計，中央擬將靈襯及行轅人員移住康定。惟班禪行轅人員不肯東移，祇肯移至甘孜。但國民政府既有前令戴院長前往康定致祭，不便明令取銷前令，不得已由國民政府文官處于四月八日函戴院長奉主席諭改往甘孜致祭

班禪大師。

四月十九日戴院長由重慶飛成都籌備，五月廿九日戴院長由成都起程，即日抵雅安。六月一日由雅安出發，九日抵康定，因補充行裝等待牛馬運輸，時將間旬。臨行前三日，在康定乘馬為丁傑呼圖克圖送行，為前行之馬踢傷左足踝，在康定醫治逾半月。至七月十六日，力疾北進，其時上下輿馬仍需人扶掖。八月五日行抵甘孜。

八月八日為戴院長致祭大師之期，先日布置甘孜寺大殿為禮堂，派定陪祭人員為護送班禪大師入藏專使趙守鈺、駐軍第廿四軍師長唐英、行轅總參議向傳義、行轅祕書長許崇灝四人，與祭人員為行轅簡任人員及當地縣長、軍隊長官。致祭典禮必誠必敬，禮成之後，繼以布施，官民僧俗人等莫不歡悅，感激中央敬教懷遠之至意。

八月廿三日戴院長由甘孜南歸。九月四日至康定，十日由康定東歸。十九日抵雅安，以創傷纏綿至五十餘日之久，中間因傷致病，更兼不服水土，身體虧耗，困乏特甚，留雅一週。九月廿六日回抵成都，病體未愈，暫留成都休養。十二月六日自成都飛回重慶。

戴院長此次離渝致祭班禪，其時間凡七閱月餘，其經過途中或重山峻嶺，或懸崖峭壁，其道路難行，氣候惡劣，所在皆是。尤以康定至甘孜十二站沿途人煙稀少，來去幕營，此十二站一切運輸全恃騾馬犛牛駄載，如此長途跋涉，備極艱辛。而戴院長左足踝為馬踢傷，更使余大感不安，苟非余主張往祭班禪，又何致遭此危

險乎？好在戴院長篤信佛教，又為班禪唯一弟子。今雖
艱險備嘗，但已達成任務，于內心或可稍慰于萬一耳。

　　上項記載係參考戴院長隨從秘書陳伯稼先生日記者。

道叔姪與虞積芳女士結婚之經過

　　虞積芳小姐偕襄叔姪女由合肥脫險至漢口，適道叔
姪在漢口，虞小姐舅父裴季浩兄亦在漢口。裴提出道
叔、積芳婚事，余因係鄉鄰，且積芳性情樸實，余亟贊
成，但道叔不以為然，未得結果，積芳未免失望。嗣後
他們先後到達重慶，余常告道叔曰：「你須娶一位身家
清白、吃苦耐勞，而能伺候你的母親，才是你幸福。」
又經惟仁夫人及叔仁叔、天植、文叔、襄叔諸姪一致主
張他們二人結婚，就是最小妹妹馴叔，最小弟弟申叔亦
表贊同。道叔是一個忠厚人，至此毅然接受家庭意見，
大約八月底九月初舉行婚禮。此乃天假之緣，得以圓滿
成功。

申叔迭次生病，文叔亦患痢疾

　　大約在今年春季，申叔不斷發熱，某日忽兩眼直
視，不省人事，稍頃轉醒。至九月初旬，忽患細菌痢
疾，經周倫、單問樞兩醫師診治，約旬日始愈。同時文
叔姪亦患痢疾，亦甚沉重，亦經單醫師醫愈。據文叔云
此次痢疾因由于道叔結婚宴席中吃冷盤食物之故也。據
周倫醫師云申叔不時傷風，不時發熱，固屬身體抵抗力
不強，根本原因乃係喉中扁桃腺發炎之所致，主張割去
此扁桃腺，故于十月中旬施行手術，頗為順利。不料當

時敵人往往在夜間空襲重慶，每次空襲，申叔由工友安金生等由醫院背負奔逃入防空洞，身體大受影響。以七歲小孩如此吃虧，當然影響將來，也是因抗日期間財力不足，營養不夠，與遷移不定，衛生不周種種之故也。

國民政府派余會同熱振呼圖克圖主持第十四輩達賴轉世事宜

關于第十四輩達賴轉世事宜，不但有關對藏主權，尤關對英外交，真可謂關係重大，情形複雜。惟第十四輩達賴轉世靈童，業經西藏派人在青海尋獲，西藏駐京代表初猶隱瞞，經切詢乃實告。蓋西藏原欲避開中央，自行辦理此事，嗣因尋獲靈童既洩，西藏政府始飭駐京代表報告中央，略謂在青海、西康、西藏各尋得靈童一名，並請中央電青海省府即送該靈童赴藏。于是余一方面報告行政院，一方面與西藏洽商轉世及坐床手續。余處理此案以顧全中央主權，不違背向例為原則，最重要一點，最初西藏表示拒絕中央派員前往，經無數次之磋商，勉強歡迎余會同熱振呼圖克圖主持此事。

十二月三十日國民政府明令：「特派余會同熱政呼圖克圖主持第十四輩達賴轉世事宜。此令。」命令雖已發表，能否前往尚在未定之間，祗得謹慎應付，以期有成。其關于此案之前因後果，以及其他種種重大複雜情形，非短篇可以說明者，擬暫從略，容當另記于入藏一般之經過與入藏日記之中。

本年結論

一、在民國四十二年（七十歲）回憶民國廿七年（五
　　十五歲）事件真是不易，以現在記憶力與十五年前
　　記憶力相比較，實有天壤之別，所憶出者寥寥無
　　幾耳。

二、就抗日言，我軍雖于本年冬先後放棄廣州與武漢，
　　但予敵人重大打擊與死亡，益使我軍民人等堅定抗
　　日之信念。

三、就主管之蒙藏委員會言，其王公、活佛紛紛來京覲
　　見，誠懇表示邊地同胞一致擁護中央與抗日之決心。

四、就私事言，煩惱特多。如蒙藏委員會被資遣職員
　　賴棣華挾怨控告吳魯書、張國書兩科長于渝地方法
　　院，經趙副委員長調解了事。其他如申叔兒不斷患
　　病與夫種種不愉快的事，為從來所稀有者。

1941 年（民國 30 年） 58 歲

弁言

余每年均有日記，民國卅年的日記，亦尚存行篋。

從日記裡可以看出，這一年過得不簡單、不容易，同時也不平凡。有許多事情很重大，有許多事情很瑣碎，有許多事情很慘痛，有許多事情很愉快，其性質和情形雖然不一，但看起來總覺得很有意義。

茲就原稿摘要及整理，彙成斯編，並以甘寧青三省考察日記為主，列於斯編之前，其他各項記載附後，其順序為：

（甲）治邊之感想

（乙）五中全會有關邊疆事宜

（丙）辭蒙藏委員會委員長

（丁）重慶大轟炸

（戊）國內外戰事分析

（己）張溥泉堅決反共

（庚）回憶總理就任非常大總統

（辛）夢先太夫人

（壬）雜記

吳忠信識

四十七年六月

卅年冬甘寧青考察日記

引言

余此次赴甘寧青三省考察黨政，兼及視察蒙旂，並致祭成吉思汗。其啟程日期係三十年十月二十三日，至同年十二月十七日自蘭返渝，考察之旅程，於此告一段落。惟以偕青海馬主席同來重慶，在馬主席留渝之旬餘日間，其經過事蹟，在余考察日記中殊有連續記述之必要，故余直載至十二月三十一日為止，蓋是日為馬主席自蓉飛蘭轉回青海之日也。

10 月 23 日　星期四

本年五月間，國防最高委員會黨政考核委員會政務考核組組長蔣雨岩兄，曾以主持川、康兩省考察工作相請，經余表示毫無成見，事隔數月，未見發表。九月十三日，忽奉令派為甘寧青區黨政工作考察團團長，不禁欣然從命。蓋西北之行，是我宿願，藉以巡視蒙旂，致祭成陵，洵佳事也。奉命以還，先事籌備，副團長一職由中委鄭亦同兄擔任，團員凡五人，文書、事務各一。原定雙十節前出發，嗣以經費與交通關係，延至十月十二日始克啟程，循公路赴甘，余則今日飛機逕飛蘭州。

晨七時至飛機場，胡光麃、孫立人、徐國懋、奚東曙及本會同事四十餘人，蒞場送行。以霧大，迄十一時五十分偕周秘書昆田登機，旋起飛，倏忽之間，已失重慶所在，青山白雲，盡在足底。沿途未停，午後三時四十分抵蘭州。到機場歡迎者，有省府秘書長王漱芳、

民政廳長鄭震宇、財政廳長陳國梁、教育廳長鄭通和、
建設廳長張心一、甘寧青監察使高一涵等數十人。下榻
勵志社，遂即接見省黨政當局及中央機關在蘭人員。適
于院長右任前一月到西北視察，昨由河西回蘭，特來
訪。余於晚六時應省府公宴後，回看于院長於監察使
署，暢談邊政歷二小時之久。入夜氣候較寒，蘭諺云：
「早穿皮袍午穿紗，夜抱火爐喫西瓜」，可想見其變化
之劇。甘省府主席谷紀常、第八戰區司令長官朱一民，
均因公赴陝未回。

10月24日　星期五　霜降

整日會客未出門，計會省議會議長張維、市長蔡孟
堅、三民主義青年團支團主任胡維藩、代理外交部特派
員呂同侖及達札薩克銳蓀等黨政人員四十餘。老友李正
秋兄任第八戰區長官公署高級參謀，亦來晤，闊別乍
逢，尤為快慰。據張議長見告，人民負擔太重，無以為
生，良應注意。谷主席紀常晚回蘭，隨即來訪，談約兩
小時。關於致祭成吉思汗陵寢事，亦經派周秘書昆田與
省府王秘書長作初步商洽。

10月25日　星期六

答拜谷主席及黨政軍各當局，並訪省參議會張議長
及甘省士紳等。午後一時，考察團抵達蘭垣。團員有程
君其保、湯君健文、任君維均、徐君浩及陳君超人等五
人；事務員為馬君雲路、趙君善柱二人；蒙藏委員會有
金君鑑一人隨行。統由鄭副團長亦同兄率領，本月十二

日晨離渝取道成都、梓潼、廣元、漢中、雙石舖、天水抵此。途中曾留天水二日，從事首次考察工作。團員等抵蘭後，即以勵志社為本團辦公地。夜八時，開本團談話會，討論進行考察事宜，擬定二十八日開始考察。今日天氣甚寒，僅華氏表四十五度，洵非皮不暖時也。

10 月 26 日　星期日

第八戰區司令長官部參謀長章亮深來訪，告以西北軍政各方面情形。又甘肅紳士兼省委田崑山兄來談，據謂甘肅食糧問題嚴重，急待解決，人民無法負擔，人心惶惶。章參謀長亦以此為慮。渠等雅欲余向中樞當局進言，余既責在考察黨政，自應加以注意，解除民困，義不容辭也。旋回拜回教馬教主震武，馬教主在固原一帶，甚有聲望。晚間，第八戰區司令長官部參議金在冶來訪。金曾因哈薩東來問題赴新疆商洽，對於西北主張，與余大致相同。蘭地氣候驟寒，余日來勞動過甚，又因飲食失節，胃疾微作，頗感不適，幸服薑湯、肉桂即愈。

10 月 27 日　星期一

午後偕全體團員抵省政府，與谷主席彼此介紹各團員與省府各廳、處長相識。谷主席致辭歡迎，並報告施政情形。余答辭，藉以闡述總裁行政三聯制之要旨，行政三聯制實為抗戰建國之唯一武器。繼說明考察黨政之意義，並宣布考察日程，擬定十月二十八日至三十日考察省府各廳處、省黨部及三民主義青年團。至於其他中

央在蘭州各機關，須待省府等各機關考察終了，再訂考
察日程。晚應省參議會張議長及全體駐會委員公宴。

10 月 28 日　星期二

本團在蘭考察工作，共分三組：黨務組由鄭副團長
亦同、徐團員浩擔任；民財組由任團員維均、湯團員健
文擔任；教建組由程團員其保、陳團員超人擔任。上午
余偕同鄭副團長、徐團員考察西北公路特別黨部及三民
主義青年團，分別訓話，藉以說明考察意義。

10 月 29 日　星期三

午後聆取蘭州市蔡市長孟堅及市府所屬各局長報告
施政情形。蘭州市政府成立僅三閱月，工作努力，業務
猛進，市長、局長均屬年青有為，余特加勉勗。晚六
時，應第八戰區司令長官部公宴。八時，召開本團談話
會，討論中央各院部會所屬各機關考察事宜。

10 月 30 日　星期四

本擬蘭州考察完畢，即往青海，現恐天寒雪飛路難
行，決先赴寧夏。上午接見第八戰區司令長官部總參謀
張春浦，談及往來寧夏路程，張主張五日為佳。遂擬定
十一月六日由蘭起程，並經決定十一月一日至五日考察
中央各院部會在蘭二十餘直屬機關，其工作分配如下：
（一）監察院所屬監察使署、考試院所屬銓敘處及司
　　　法院所屬高等法院，由余與周秘書昆田擔任。
（二）財政機關由任、湯兩團員擔任。

（三）經濟機關由鄭副團長、徐團員擔任。

（四）交通、教育、衛生、農林由程、陳兩團員擔任。

　　午應陳紀銓、楊道樾、李永吉、張國棟、董承蔭等公宴，渠等咸在蘭辦理中央稅收事宜。晚應西北幹部訓練團顧教育長希平宴。顧曾迭次邀余至彼團訓話，均經婉辭，今晚余蒞時，衛兵軍樂列隊歡迎，厚禮甚感。

10月31日　星期五

　　于院長右任昨由青海回蘭，余清晨往訪，並共進早餐。比得青海方面報告，該省王公、千、百戶聞余將至，集中省垣四五百人，準備歡迎。余以天氣與交通關係，不得不先往寧夏。茲為節省時間，以備早日赴青，擬改乘飛機飛寧夏。午後特約歐亞航空公司蘭州站主任毛德接洽，據云十一月七日可以專機飛寧夏，由余加電交通部張部長飭該公司照辦可也。查毛主任係故友陳德三先生之二女婿。民國二年，二次革命，陳在南京與同鄉章某發生誤會，死於非命，詎事起倉卒，余往援不及，至今遺憾。

11月1日　星期六

　　上午考察考試院甘寧青銓敘處，處長為水梓先生。該處成立未久，經費太少，組織簡單，須予擴充。蒞蘭及旬，深覺中央各院部會在蘭直屬機關，不下二十餘單位，只以統一乏人，工作未免散漫。又聞一般人士，論現階段甘肅省政，為劃時代的政治，以往係靜的、片斷的，現在乃動的、計劃的。惟省府新舊人員間之隔閡，

於焉難免，幸朱長官與谷主席私人感情甚佳，當無多大
問題發生也。

11月2日　星期日

上午考察監察院甘寧青監察使署。該署規模簡單，
經費不多。高監察使一涵曾任北京大學教授，於中國學
術界頗有地位，從政西北以來，曾親涖青海、河西，並
遍遊甘南各縣，對西北邊情及民間疾苦甚為明瞭，與西
北各省軍政長官相處亦稱和洽。

致祭成吉思汗陵寢，亦余來西北主要任務之一，其
籌備工作，經甘省府代為辦理，頗著勞績。茲籌備工作
業已完竣，擇定明日前往致祭。

11月3日　星期一

今日余代表蔣總裁致祭成吉思汗於甘肅省榆中縣興
隆山。按成吉思汗陵，原在綏遠伊克昭盟伊金霍洛。抗
日軍興，敵偽時欲劫持此陵，以號召蒙民。中樞為鄭重
計，爰於二十八年移陵甘肅榆中縣興隆山，年由甘省府
按時致祭，中央迄未派大員主持祭祀事宜。余此次考察
甘寧青黨政，蔣總裁特派為代表主祭成陵。晨七時，率
全體團員往榆中縣興隆山。午前十一時舉行祭典。省府
谷主席正倫、高監察使一涵、中委朱霽青、鄭亦同、省
參議會張議長維、第八戰區司令長官部張總參議春浦、
甘寧青銓敘處水處長梓及達札薩克銳蓀等八人陪祭，其
他所有蘭州地方及中央各機關領袖百餘人一律與祭。儀
式十分隆重嚴肅，為成陵移甘後首次盛典。禮成，余巡

視陵寢，並勉慰守陵人員。蓋成吉思汗英名，播滿世界，今余得以代表總裁致祭，誠莫大之幸，亦此次西北行中最有意義之一件大事。余祭聯曰：

氣撼山河　天資神武
威馳歐亞　世肅英風

　　蔣總裁祭文原詞如左：

蔣委員長祭成吉思汗文

維

　　中華民國三十年十一月三日，國防最高委員會委員長蔣中正，特派蒙藏委員會委員長吳忠信，以馬羊帛酒香花之儀，敬致祭於我元太祖成吉思汗之靈，而昭告以文曰：

　　繄我中華，五族為家，自昔漢唐盛世，文德所被，蓋已統乎西域，而極於流沙。洎夫大汗崛起，武功熠熠，馬嘶弓振，風潑雲挐，縱橫帶甲，馳驟歐亞。奄有萬邦，混一書車。其天縱神武之所肇造，雖歷稽往古九有之英傑，而莫之能加。比者蝦夷小醜，虺毒包藏，興戎問鼎，豕突猖狂。致我先哲之靈寢，乍寧處而不遑。中正忝領全民，撻伐斯張，一心一德，慷慨騰驤，前仆後興，誓殄強梁。請聽億萬鐵馬金戈之凱奏，終將相復於伊金霍洛之故鄉。緬威靈之赫赫兮天蒼蒼，撫大漠之蕩蕩兮風泱泱。修精誠以感通兮，興隆在望，薦馬胙而陳醴漿兮，神其來嘗。尚饗。

11月4日　星期二

　　今日余赴高等、地方兩法院及第一監獄考察。昨日午後五時半曾以電話預知高院，竟無人接話，六時再用書面通知，亦無人收受。其懈怠情形，可以概見。巡視地院看守所，見一青年犯人，臥地呻吟，厥狀甚慘。詢以故，對曰無被臥地，患傷寒七日矣。余聞之不禁惻然心酸，遂嚴責負責人，何以違反人道，不負責任，一至於斯！即令該犯取保求醫。第一監獄缺點亦甚多：

（一）監房太少，監犯太多，致原定每房五人，現居七、八人，全獄原足容二百人，現已逾五百人。

（二）衛生設備欠善，尤以病犯，既無醫藥，又無病室，流弊所及，堪以注意。

（三）監犯五百，多屬年青，深圄終日，無所教誨，甚為可惜。

（四）防空設備缺如，倘遇空襲，危險堪虞。

　　又悉女監有謀殺親夫犯數人。查東南各省，夫婦不和，訴諸離異，西北閉塞之地，風氣未開，沿用慘暴手段，殊可哀也。

11月5日　星期三

　　上午十一時，接見蘭垣各中學校校長，曉以未遑親蒞各校考察之意。午應監察使署、銓敘處、及高等、地方兩法院公宴。午後二時，鄭民政廳長震宇來見，報告一年來辦理民政情形，政績甚佳。三時訪谷主席，告以擬七日飛寧夏，並相與縱談西北一般情況及甘肅政治

現狀甚詳。六時，會見西北公路局正副局長宋希尚、沈
圻兩君。該局邇來各方人士對之頗多物議，余以為該局
一般事務缺點固多，然三年以還，對於國際運輸大責，
尚無遺誤。宋君以一介書生，負西北數千里交通重任，
洵非易易，余為主持公道起見，特向當局代進一言。據
宋云，渠因接洽有關蘇聯接濟軍用物資事，曾赴新疆數
次。余即詢問新疆方面情況，承告盛督辦在迪化深居簡
出，戒備森嚴，伊等晉見時，須先受檢查，宴客時，侍
者皆攜帶武器，我（宋）見客亦受限制等語。依余判
斷，盛世才如此戒備，完全是防共產黨，因國民黨在新
勢力薄弱，一旦中央力量達到安西，接近新疆，則盛之
態度必定轉變，進而擁護中央。

　　本日敵派來栖三郎赴美，協助野村進行美日談話，
此殆倭日對美之一種策略，非誠意也。

11月6日　星期四

　　蘭市黨政之考察，大致完畢。本擬明日飛寧夏，今
日飛機誤班，勢將延期，何日成行，未能逆料。晚間省
府王秘書長來訪，傾談間，余力辭省府一切招待。緣中
樞來人，不絕於途，地方官吏應接不暇，矧主之於賓，
例會歡迎，賓之於主，照例公開演講，或對記者發表談
話，而演講與談話內容，又不外滿口空話，千篇一律，
實屬無聊已極！余有意轉移風氣，到甘以還，潛心從事
考察工作，謝絕一切歡迎會與記者之訪問，庶幾於公於
私，俱得便利也。

11 月 7 日　星期五

上午偕鄭副團長亦同參觀蘭州機器廠。該廠現用機器，咸同鄉張廣建、孔繁錦、馮煥章三人，先後服官甘省時設置，盡屬陳舊不堪。夫昔日尚無公路，交通困難，輾轉運來如此笨重機器，以利實業，其毅力與抱負，可以欽佩。據該廠廠長云，若今後交通不發生問題，新購機器兩年後方可運齊，顧仍不足應整個西北之需要，尤以煉鋼無由，引為大憾。今日飛機仍未到蘭，航空站謂無線電受損，故未能到云。

11 月 8 日　星期六　立冬

飛機已到蘭，準明晨飛寧夏。此次飛寧夏專機，調動殊匪易易，數度接洽結果，索價四萬數千元，航空公司方面並請在蘭付款。當時本團存款不多，然余卒允所請，在蘭付款，俾免稽延時日，有誤行程，蓋把握時機，才是上策。

晚六時，召集團員談話，討論寧夏考察日程。八時，谷主席來談，十一時盡歡而散。

11 月 9 日　星期日

晨五時起身，六時半到飛機場。七時機起飛，天氣惡劣，機身顛盪，機中人頗感不適。八時四十分抵達寧夏，馬主席鴻逵親率該省黨政軍全體高級人員，蒞機場迎候。機場以外，並有軍隊、學生及民眾團體等，列隊歡迎，情況熱烈，嘆為空前，余殊深感之。惟機場去城甚遠，往返不易，如此大隊來迎，心殊覺不安也。旋

赴城，下榻郊外省政府招待所。遂即接見省府各廳長，
並發表寧夏考察日程。計十、十一、十二，三日，考察
省府民、財、教、建四廳，及其他機關。十三日後，由
鄭副團長率領一部分團員赴南路各縣考察，余則往阿拉
善旗旗府所在地定遠營。預定本月十五日寧夏省考察工
作完畢，十六日飛返蘭州。入晚，聽馬主席報告寧夏施
政經過，中以測量土地、興辦水利與倡導造林，最有成
效。查寧夏一省，在歷史上與抗日上，均居重要地位。
此處氣溫與蘭垣相似，境內水利進步，可耕地多，惟人
口過稀，可容大量移民焉。

11月10日　星期一

上午九時，馬主席率同省黨部暨省府各廳處長，分
別報告黨務、民、財、教、建、保安、地政、衛生等工
作，歷二小時之久。深覺各部門工作，均有進步，且馬
主席頗富實幹精神，言出必行，命令貫澈到底，部下無
有不從者，令人不勝欣慰，遂即加以勉勵。下午二時，
各團員分往省府考察。

11月11日　星期二

晨，馬主席來談。午後四時至省府，出席黨政軍各
界歡迎會。按寧省對外來賓客，向以閱兵、宴會及歡迎
會三事為敬，方余抵此，馬主席即以斯三事相請。余因
此行責在考察黨政，未負軍事責任，對於閱兵，實非所
願，而歡迎會又無非有勞大眾，均經婉辭。第馬主席再
三進勸，盛情難卻，本團同仁等於是均主張承領宴會，

並參加小規模之歡迎會，余然之。今日歡迎會中，到黨政軍學各級人員二千餘，情況異常熱烈。余即席演說，演詞大意：首對歡迎表示謝意，次述考察黨政意義，最後對馬主席領導全省從事黨政之工作，成績卓著，甚為贊許，並勉勗各方，今後尤須努力，俾增抗戰力量也。會散，即赴黨政軍領袖三十餘人公宴。晚馬主席特演秦劇助興。

11 月 12 日　星期三

清晨，馬主席偕兄馬軍長鴻賓來見。馬軍長方由防地歸來，與余同年，老成練達，西北各省中不可多得之將才也。共進餐後，參觀省垣附近造紙廠、麵粉廠、棉織工廠、省立印刷所、毛織廠、富有被服廠及寧夏銀行等機關。其中造紙、製革及毛織等工廠，多用手工製造，出品足供本省需用，此種自力更生精神，殊可嘉佩！倘全國各地皆然，抗日前途，實利賴之。

11 月 13 日　星期四

上午七時二十分，偕程團員其保、周秘書昆田，出發往阿拉善旗旗府所在地定遠營。十時經賀蘭山，遍眼白雪皚皚，陽光和煦，別具風趣。然沿途沙石壘壘，種植艱難，彷彿西藏。午後二時抵定遠營旗政府，駐軍學校及其他團體全體出動歡迎，情況熱烈，喇嘛二百餘郊迎，禮節尤為隆重。隨即分別接見各團體領袖及學生等，極稱融洽。按定遠營北通外蒙，西通新疆，東至綏遠，並有大道直達甘省，在國防地位上頗為重要，現由

寧夏派兵一團駐防，中央計劃開設騎兵學校於此。余以時間匆促，不能久留，擬定明日即回寧夏。

11月14日　星期五

　　黎明五時半起身。六時半拜廟並佈施。七時半謁達王祖塋。緣阿拉善旗札薩克達理札雅之祖塋，悉在定遠營郊外。余為尊重蒙古先賢起見，特親往謁拜焉。八時半返營，早餐。九時半啟程返寧夏，程中道路失修，車行甚顛波。午後四時抵省垣。鄭副團長偕徐、湯諸團員昨日考察永寧、靈武兩縣及吳忠堡，今日考察金積、寧朔兩縣及青銅峽，現已事畢，亦返抵省城矣。晚間，馬軍長鴻賓來訪，告以身在前方多年，士兵生活窘苦，馬乾又感短絀，央余轉陳中樞，為馬乾事予以補救。余認為軍隊馳騁戰場，政府當予顧惜，於是特為致函何總長，請即設法辦理。馬軍長深表感意。茲將余致何總長函原文抄錄如後：

敬之吾兄總長勛鑒：

　　弟奉派來西北考察黨政，於上週到達寧夏，經與馬主席少雲、馬軍長子寅迭次晤談。馬軍長常駐前方，辛勤尤著，茲以百物昂貴，調防前方一團馬隊之馬乾問題，無法解決，至感困難。用特代為函達，請賜轉陳，迅予規定，俾利抗戰為禱！

11月15日　星期六

　　余因在定遠營時食多，益以爐火燥熱，致患感冒，

體頗不適。本擬今日飛返蘭州，奈飛機又誤期，靜候不見來。馬主席見余候機無事，復邀赴閱兵，意頗懇摯，余力辭不果，乃於午後三時率全體團員赴東校場閱兵。計到步、騎、砲諸官兵九千餘人。迨閱兵禮成，即行分列式、拳術、體操、劈刀、騎射等動作，技術均極優良，惟已超過軍隊之所需矣。操演完畢，余致訓話，大意分四點：

（一）軍隊之良莠，應以士兵身體強弱為斷，頃閱貴軍官兵之體魄與精神，均列上乘，而訓練又屬精良，頗為慶慰。

（二）寧夏為西北門戶，更為軍事重要據點，夫安內攘外，責固繁艱，寧夏軍隊就安內攘外之雙重責任言，尤較他處軍隊為重也。

（三）敵人軍事失敗，由於估計錯誤，最近我軍湘北大捷，鄭州克復諸役，可為實證。

（四）寄語諸君，在馬主席領導下，繼續努力，異日效命沙場，奪得最後勝利云。

11 月 16 日　星期日

吳忠堡西濱黃河，為寧省第一商埠，亦西北各省貿易衝要地之一，夙有小上海之稱。抗戰以還，中樞與省府會同設立稅卡於此。然走私猖獗，蔣委員長曾電飭寧省當局嚴緝走私。馬主席接電後，即下令全省局卡，澈底禁絕來往貿易。該令施行後，西北商務均受影響，而中央經濟、財政兩部在寧辦理稅收人員，其工作均感棘手，中央與省府兩方，為此事形成僵局。余來寧後，深

知其隱，馬主席亦曾以此事見告，並深覺問題之無法解決。余即向馬主席闡明蔣委員長令飭嚴禁走私之原旨，蓋蔣委員長僅命令對走私予以查緝，馬主席之禁絕輸入，實為有違委員長本意。茲余來此考察黨政，應負解決此案責任，余乃致電陳主任布雷轉陳委座請示，原電如左：

致陳主任布雷銑寧電

委員長侍從室第二處陳主任布雷兄勛鑒：

　　關於寧夏吳忠堡走私問題，委座恐有奸黨混入，曾電令嚴禁。寧省府以財、經兩部對進出口物品禁運准運者，訂有專條，如澈底禁絕所有物品輸入，不免影響人民生活。若不澈底禁絕，又恐查緝難周，有違委座之諭旨。於萬不得已中，乃令飭全省局卡，澈底禁絕來往之貿營。馬主席少雲兄曾以戌文府財電達，計邀察及。弟來寧考察，已逾一週，對此問題，經與少雲兄迭加商討，擬：

（一）關於正當商人之營貿，可准照進出口物品禁運准運項目暨辦法辦理。

（二）關於緝私及查究奸宄，應由寧夏省政府及財、經兩部所設稅務與稽查機關切實負責。

　　俾能流暢物資，而杜奸徒之混跡。惟是否可行，敬請轉陳逕示為幸！弟訂明日飛蘭州，併及。

弟吳忠信
銑寧

11 月 17 日　星期一

寧夏黃河兩岸、賀蘭山附近，暨定遠營一帶，土地較為肥沃，可資種植及發展小規模牧畜事業，其他寧省地方，多漠野一片，無水無草，不能利用。大概以現在全省即時可耕之土地言，足容二百萬居民，然今人口僅六、七十萬，致黃河兩岸，沃野廢棄，甚為可惜！是移民寧夏，實為當急之務。

飛機已到寧。晨五時起身，七時半至飛機場。馬主席偕黨政軍全體領袖到場歡送。八時半機凌空，十時飛抵蘭城。仍下榻勵志社。擬於二十日首途赴青。余即往訪谷主席。晚間，谷主席來會。渠因辦事困難，有倦勤意，余倍加勸勉。

11 月 18 日　星期二

余於個人行動，力求簡便，慨經歷一地之歡迎歡送，除非別具意義，向不予以重視，以其徒耗時間，無裨實際而已。月前方抵蘭時，即向谷主席表明斯旨。今將首途赴青，復特電知青海馬主席，於余到青之日，請不率眾來接，耿耿此心，苟能稍移積俗，亦所願也。

今日上午見客，晚六時，甘省府歡宴本團全體同仁。

11 月 19 日　星期三

上午十時，本團舉行座談會。查本團考察工作，業已終了二分之一，對於以往工作，應即予以檢討，有無遺漏錯誤，以為將來借鏡。午應皖江同鄉會理監事公宴。該同鄉會歷史悠久，會產甚多，先輩同鄉在蘭，經

營努力，精誠團結，於斯可見。

11月20日　星期四

　　晨五時起身，八時首程赴西寧。午後一時車抵青省中和縣之享堂鎮，附近風景優美。該地駐軍旅長率眾來迎，午餐於此。午後五時至樂都縣，又見全縣學生列隊歡迎，渠等且已佇候良久，日暮天寒，年稚小學生尤感困乏，余心殊不忍，故重託該縣縣長，速即代為電告馬主席，在余到達省垣時，千萬勿以學生與軍隊出迎也。余等夜宿樂都縣縣政府。

　　甘青公路一帶，車道尚未竣工，車行頗感搖動，黃河與湟水兩岸，可資農耕。

　　今日美國國務卿赫爾與來栖、野村舉行非正式談話，據聞有三個重要問題仍難獲得協定，即：

（一）日軍退出中國。

（二）日軍退出越南。

（三）日本放棄所謂東亞新秩序。

　　尤其第一點，意見相距最遠，實則日無誠意，美國若不深自警惕，終將受欺。

11月21日　星期五

　　上午七時，分派團員考察樂都縣縣政府及縣黨部。九時半早餐。十時半啟程續行，直指西寧。車遇烏移峽，路途艱險。午後二時達省城。馬主席步芳率同趙專使守鈺暨全省黨政軍高級人員郊迎樂家灣。他如學生、軍隊與民眾團體等，固未出迎，余竊喜之。行抵省府，

青海王公、活佛、千、百戶及士紳二百餘人站隊迎候，
禮節隆重，塔爾寺活佛亦親來歡接，尤屬罕聞。蓋塔爾
寺活佛，平素不常來西寧，至對中央大員之蒞臨西寧，
更無趨來迎接之例，今日余到此地，渠竟破例蒞迎，豈
以余主管蒙藏故歟！又，今日諸王公、活佛與余在省府
會見時，仍行獻哈達之古禮，並奏以蒙藏音樂，空氣亦
莊亦穆，而渠等尊崇中央之熱忱，可概見矣。余等下榻
省政府，馬主席招待殷殷。

11 月 22 日　星期六

上午八時偕趙專使守鈺至馬前主席公祠致祭，並獻
花圈。馬前主席閣丞係今馬主席步芳之父，曩日主政青
省。歷有年所，聲譽卓著，頗得民心。既歿，省民爰在
青海省城建立專祠，俾資祭祀，以示毋忘之意也。九
時，應馬主席步芳暨諸黨政軍領袖公宴。十時，召集本
團全體團員與省府各廳長、保安處長、省黨部書記長、
高等法院院長等舉行座談會，藉以聽取省方各當局之報
告，並宣布本團考察日程之分配。計自本日起至三十日
止，全省黨政考察工作可望完竣，擬定十二月一日離西
寧。午後二時座談會散。三時接見重要王公、活佛、
千、百戶及班佛行轅人員。晚六時，應該王公、活佛、
千、百戶公宴，余分別贈以茶葉、綢緞等禮品。

11 月 23 日　星期日

午後接見中央在西寧所屬十七機關負責人員，勉以
恪守青省禁令，勿染嫖賭惡習，並應分外振作，以易風

氣，況邊地生活安定，待遇優厚，尤當安分守己，勿作越軌行為，否則余當報告中央，毋謂言之不預也。旋會見西康甘孜女土司德欽汪母。查德欽汪母，乃西康甘孜有名之女土司，曩者駐甘孜之班禪衛隊與西康劉主席所部發生衝突，皆以該女土司為導火線。在此衝突中，地方頗受糜爛，劉部章團長陣亡，全團被繳械，嗣經劉主席增兵反攻，班禪衛隊卒告不支，潰退青海，而該女土司亦即逃亡青省，下嫁班禪衛隊某軍官。今日晤余，懇予援手，以期重返故土。余念該土司流離顛沛，殊憷憐憫，爰允所懇，一面向西康劉主席進言，令其回歸甘孜，一面託青海馬主席，在渠留青期間，就近予以照拂，斯亦余優待邊人之道也。

余此次考察甘寧青黨政，深覺關鍵端在甘肅之河西，尤以甘省人士對河西之非議，及國人對河西之批評，為其重心。余事先不甚明瞭河西實情，好奇之心，不禁油然而生。現在河西所駐軍隊，係青海馬主席所部第一百師駐張掖，暨乃兄馬軍長步青之騎五軍兩師分駐武威、酒泉一帶。溯自民二十二年，馬主席任師長時代，曾來南京一次，迄今八易寒暑，未離青海一步。雖然疊經中央各大員赴青邀請，卒未成事，於是國內人士，對於河西現狀與青海當局，雅有誤會，而中央與地方隔閡日深，一般認為已至無法調整之境地。余本人與馬氏昆仲，素不相稔，比來西寧，相見之下，殊感馬主席豪爽果敢、深明大義，青海政治現狀，亦足稱述，余於是有意與馬主席開誠相談，苟能使河西與青海局面臻於協調，於願足矣。方余與馬主席首次會談，余即示以

赤誠，故彼此雖屬初見，情極融洽。茲錄首次會談內容
如左：

余謂：余初蒞西北，又初與君見。余主管蒙藏政
治，此行負責考察黨政，來固匪易，寓意尤深。余當就
耳目所及，不論於私於公，必定知無不言，言無不盡。
抑且余今所言，縱歷後十年、數十年，亦不稍移易，君
其信之。余治理邊政，對邊疆各軍政領袖所取態度，惟
一本中央立場（服膺主義擁護領袖），盡量為邊地各省
區謀有利無害之事宜。倘能使中央與地方兩得其利，固
屬最佳，求其次，亦必無害地方。余當為君明言：余無
大智大能，余所有者，信用而已。言從余出，必能付諸
實行，如同銀行支票之必能兌現，無稍躊躇，君不妨從
各方面打聽，當可確認余信用之可靠也。余又須向君說
明：余係有地位者、有歷史者，決無從青海方面得好處
之潛意，君若順納我言，君必實蒙其利。

馬主席對曰：吳先生之信用與歷史，我素所仰慕。
今不遠千里而來，務請多多指教，我當敬受忠告。

余乃勉慰曰：君昆仲合力安定地方，尤於河西剿共
之役，頗著勞績。他如在河西植樹修路、保護交通，維
持中蘇國際運輸之通道，以及擁護抗戰，發兵殺敵等
等，功不可滅。此乃中樞通曉，亦余所深知者也。

11 月 24 日　星期一

上午八時，接見回教阿訇及回教大學生三十餘人。
九時，馬主席伴余參拜清真寺。該寺阿訇暨回教大學生
二百餘站班迎接，執禮甚恭。午後，先後延見省參議會

議長、議員及省會與各縣士紳百餘人。晚六時，應班禪
行轅公宴。

今日與馬主席談本黨主義。

余告曰：三民主義既非共產主義，又非資本主義，
實為適合中國國情與需要，並順迎世界潮流之主義。其
理論浩繁深遠，今日時促，不及絮述，望君公餘多多研
讀是幸。顧余不能已於言者：本黨歷史與光榮，亙今
五十餘年，決非短時間所能失敗。舉例言之，譬如高山
一座，上行五十里，下行殆亦須五十或數十里，斷非三
里五里或十數里可下，此一定之理也。況復本黨主義，
今猶蒸蒸日上，與時俱進，全無頹態乎！退而言之，本
黨主義，即使從今開始敗退，則恐亦需五十或數十年後
乃可窮盡，是亦不移之論也。

馬主席欣然曰：吳先生所談黨義，使我立明，以
往眾人絮絮道之，我輒不知所云。

11月25日　星期二

上午召集班禪行轅人員談話，討論解決行轅善後未
了事宜及班禪轉世諸問題，並擬成立班佛誦經堂，藉以
安置行轅裁撤人員。午後三時，出席西寧各界歡迎大
會，余致演詞，說明考察意義與考察青省黨政印象，並
附以未來希望。

今日余與馬主席步芳會談時，涉及馬晉謁蔣委員長
意見：

余詢馬主席曰：君為何不離青海一步？君為何不去
謁見蔣委員長？實則君若晉謁，於君百利而無一害。

馬主席答曰：我仇人太多，不敢遠離，雖欲晉謁，不我許焉。

余曰：君放心！君果欲見蔣委員長，余當為君排萬難，並為君負全責，況復蔣委員長亦當為君負責耶！

馬釋然曰：誠若是，我當赴渝晉謁。第路程遙遠，汽車費時，飛機可矣，而我又暈機，須分在蘭、蓉停留稍息。

余乃曰：無問題，可照辦，並當請蔣委員長電飭甘、川兩省當局切實保護。余處事向重「把握」二字，余設與君論事，雖有十成把握，余不過道其六成。若一輩政客常以五成把握，或竟絕無把握，而謂有十成把握，余不為也。將來君到渝後，當知余言之不謬矣。

馬主席聞語欣然。

11月26日　星期三

上午、下午兩度與馬主席談話。馬主席昨既決定赴渝晉謁蔣委員長，則余於此行之一般政治目的，可謂業已到達。然而僅及政治目的，而缺乏有關軍事及他種具體事實之表現，則內容未免空洞而不著實際。職是之故，余擬與馬主席進一步討論實際問題。余乃以河西撤兵為題，謂馬主席曰：青海幅員廣大，土地肥沃，水草茂盛，斯天賜君昆仲以豐富之蘊藏，在西北各省區中，不可多覯。且青海在軍事形勢上，亦佔重要地位。惟余敢直言，君昆仲倆即以全力經營青海，猶恐不遑，寧有餘力與時間兼營河西耶？河西扼西北軍事、政治與經濟之衝要，所屬玉門油礦，尤為國防唯一命脈，中央勢必

以加強管理河西為上策。君等精力既難擔負處理河西之大任，影響所及，青海政治反為河西牽制而難展，余深為惜焉！惟望君等力量退離河西，庶幾中央與地方同受實利，亦即君等政治便利倍增矣。余並可為君等保證，國軍之騁馳疆場，從事抗日者，固甚眾多，無需再調君等隊伍應付敵人。故君等部隊，將來可在青海訓練，以負國防上對西藏與南疆之責可耳。

　　馬主席曰：吳先生之言甚是。

　　余曰：君等環境若此，奈何不離河西？

　　馬主席乃曰：我等退出河西，將絕啖飯地矣。蓋我青海軍有餉而無糧，舍在河西就地籌糧，無能為也。

　　余曰：既是國家軍隊，理應一律看待，君等有餉無糧，自屬詩於常情。只須君等軍隊退出河西，余當代為請求中央發餉發糧，俾與他地軍隊同樣待遇。

　　馬主席起言曰：如此，我之直轄第一百師之駐河西張掖者，可先行撤回青海。

　　余問曰：令兄騎五軍奈何？

　　馬主席答曰：尚須從長計議，大概須待來日余之第一百師撤退以後，始及家兄。

　　余欣然曰：子香兄，汝既許見蔣委員長，汝又允願撤兵河西，此種勇毅精神，顧全大局，殊足欽佩。

11月27日　星期四

　　上午偕馬主席與本團同仁赴塔爾寺禮佛並佈施。塔爾寺乃黃教發源地，明永樂年間，宗喀巴大師學經於此。余本與佛有緣，今得朝此大寺，何幸如之！參拜佈

施既畢，轉車參觀大通煤礦。該礦用土法開採無煙白煤，原係馬主席私產，今春捐以興學，甚為難得。余等即在礦局午餐。餐後，馬主席先回省垣。余與諸團員往大通縣考察。夜宿大通縣縣政府。天奇寒，室內須燃熱炕始能安眠，傭方於余室舉火，燃少頃，余即令停燃，惟恐不慣也。夜分甦醒，體感不適，頭暈目眩，亟欲起身吐瀉，殊力乏不勝，環顧室中，惟我一人，孤燈獨眠，扶持無人。正窘迫間，一傭突入，蓋渠宿我室外以待使喚者。傭既入，察余所苦，即為啟窗扉，覆重被，殷勤周到，無以復加。須臾，余體亦漸覺平適矣。夫以區區縣府，其下人慎勤若是，不可多睹，余頗感之。

　　日來與馬主席談話甚為投機，今日車中，馬娓娓道家世，余則暢述為人之道，彼此感情，益增融洽。

11 月 28 日　星期五

　　清晨，首途赴廣慧寺禮佛。該寺活佛敏珠爾，生時服職中央，曾謂余來日必有緣一蒞廣慧寺。今余到青海，為償活佛生時約，特至廣慧寺參拜，冥冥之中，有定數歟！該寺環境，山明水秀，風景怡人。在寺午飯既畢，轉往互助縣，邀章嘉大師之姐姐、兄弟暨侄輩等晤見，並贈大師母以禮品，其下亦各有餽。良以章嘉大師，關心國族，擁護抗戰，用加優禮也。午後五時返抵西寧。入晚，馬主席復來會，兩人傾談一般大局，同感痛快。

11 月 29 日　星期六

全體團員赴湟源考察。余與馬主席步芳作末次會談。馬主席前曾論及省區劃分問題，渠主張：

（一）青海柴達木與河西之安西、敦煌、酒泉等處合為一省，或劃柴達木為特區，而以河西之張掖、酒泉、安西、敦煌及額濟納旗為省亦可。

（二）青省玉樹各縣與康省甘孜各縣及果洛全部併為一省或一特區，因今玉樹、甘孜、果洛，遙去川、康、甘、青，不易治理，動輒滋事也。

今日重談劃省問題，余告曰：劃柴達木為特區，輕而易舉，玉樹設省，亦不難，然須以解決糧食為先，且事涉川、康，宜與各該省當局磋商而後可。至於酒泉建省，確有必要，惟牽動甘肅，又應顧及新疆態度，提防誤會，故目前殊難辦到。馬主席甚以余言為然。余繼詢馬主席曰：來日君等軍隊調防後，將如何安置？馬主席對曰：我尚無辦法，且從長計議。馬主席復頻頻表示，現在是經營西藏機會，倘欲調用青海武力，渠絕對從命云云。

余留青海週餘，與馬主席談話次數，不謂不多，自始至終，非常順利圓滿，無任欣慰。最後商定，兩人立即分電總裁報告。茲錄余上總裁電文如下：

上總裁戌豔青電　十一月廿九日

重慶委員長蔣鈞鑒：

信來西寧，業逾一週，與馬主席子香兄每日約有三小時之談話。子香兄真誠磊落，對服膺主義，擁護領

袖，固毫無疑問也。茲更有陳者：

（一）子香兄以玉樹、果洛、甘孜、德格等地，居於
　　　川、甘、康三省邊區，形勢重要，而鞭長莫
　　　及，三省均無法遠顧，擬請劃建為一新的行
　　　省，俾資建設，而固邊圉。

（二）藏人反覆，畏威而不懷德，中央將來如對藏用
　　　兵，子香願以青海部隊，服從調遣。

（三）現駐河西之八十二軍第一百師，子香兄擬調回青
　　　海整理，惟對糧餉方面，希望鈞座予以補助。

（四）子香兄現決定稍緩赴渝，晉謁鈞座，惟對敵黨
　　　方面，略有顧慮。

（五）關於青海及其他國防各事，容俟信回渝面陳。

　　　以上各節，並乞飭主辦人員秘密是幸！信訂後日
（東）離青，轉往河西一帶，併聞。

　　　　　　　　　　　　　　　　吳忠信叩
　　　　　　　　　　　　　　　　戌艷青

11 月 30 日　星期日

　　　馬主席步芳自民國二十二年入京一次，迄今未出青
海一步。今既決定晉謁總裁，行期、交通統請余代籌。
余擬翌日赴甘考察河西武威、張掖、酒泉等地，即從酒
泉飛返重慶，面陳總裁以甘、寧、青整個情形。此後考
察團事宜，由鄭副團長亦同兄代理。余乃將以上所擬計
劃，電告總裁，電文如下：

上總裁戌陷青電　十一月卅日

重慶委員長蔣鈞鑒：

　　戌豔青電計陳，茲因馬主席子香赴渝聆訓事，及對西北各情有先向鈞座報告之必要，擬將河西考察完畢後，提前回渝。所有考察團任務，即交副團長鄭亦同代理。信約冬日抵永登，江抵武威，魚抵張掖，庚抵酒泉，鈞座如有訓示，乞照電上列地點為幸！將來如有便機，擬自酒泉飛渝，併陳。

吳忠信叩

戌陷青

12月1日　星期一

　　馬主席步芳主持青海省政有年，全省政令統一，並努力於造林築路等工作，成績甚佳。子繼援，方弱冠，位居八十二軍副軍長，少年有為，前途無量。又青海民族雜居，信仰不一，而佛教甚稱昌盛，馬主席本人則信奉回教。夫信教自由，舉國週知，余嘗勸勉馬主席對此點予以努力。況復身為主席，尤須崇佛，以為確行信仰自由，無所偏倚之表率。

　　上午六時離西寧，馬主席親率黨政軍諸領袖在樂家灣送行。回憶去月二十一日蒞西寧，倏忽旬日，結果圓滿，出人意外，從此西北安定有望，中央地方得以調整，洵黨國之幸也。午後一時半抵享堂鎮，原定在此一宿後，翌日不經蘭州而逕發永登。頃以時早，臨時變更計劃，轉道蘭垣。午後六時半抵蘭，仍住勵志社。世事變幻毋常，隨遇而定，擬不經蘭而終經蘭，不可思議。

夜谷主席來晤。

12月2日　星期二

　　本擬今晨離蘭，晚宿永登，明日到武威（涼州）。
奈因汽車機件損壞，修理需時，今日不克成行，候明日
破曉啟程，俾儘一日時間，趕至武威。

12月3日　星期三

　　晨五時即起身，六時半自蘭垣出發西北行，十時至
永登縣早餐。續北行，午後一時半越烏鞘嶺，雪花紛
飛，氣候奇寒。五時到武威。日行二百七十一公里。武
威駐軍馬軍長步青，率學校及其他團體領袖郊迎，並殷
勤接待，不勝感激。晚間會見當地士紳。查武威乃西通
新疆之要衝，貿易興盛，黃河以西之首埠也。縣之南
境，重山峻嶺，積雪春融，瀉流而下，匯為數川。農
田灌溉，實深利賴，物產豐富，甲於河西，有塞北江南
之稱。

12月4日　星期四

　　本團今日分組考察武威黨政。余上午往訪駐軍馬軍
長步青，共與暢談國防大計。馬軍長認為新疆在國防地
位上甚為重要，中樞應設法勸導新省盛主席世才，確實
擁護中央而疏遠共黨，否則對新訴諸武力，在所不惜，
馬軍本人願任前鋒云云。午應馬軍長歡宴。午後馬軍
長復來談，仍以國防為論題。馬軍長賦性慷慨，不亞乃
弟，外傳河西種種非議殆空谷來風乎？過甚其辭乎？

12月5日　星期五

今晨五時起身。六時即首程往張掖。淡月疏星，寒氣特甚，偶得塞上吟詩一首，錄如左：

塞上吟

披星戴月去陽關，塞上風霜刺骨寒；

阿爾泰山雪在望，祇知建國不知難。

（註）阿爾泰山係外蒙、新疆與蘇俄三者軍事上之重要據點，故我須掌握此山，始能鞏固西北，而建設西北。前詩第三句言余有意前往新疆，調整新疆關係，以求西北之鞏固，第時機尚未到來耳！第四句則言西北既固，當努力建設，以為復興中華之基。

今日午時抵山丹縣，午餐於此。午後三時到達張掖（甘州）。日行二百四十二公里。韓師長起功親率全部軍隊迎於郊外，下楊步兵第一百師司令部（舊提督署），韓師長招待頗為周到。查張掖地當河西中樞，物產甚富，元時劃為行省，清置提督，其重要性可知。

12月6日　星期六

黎明五時起身。七時車發酒泉（肅州），途經高台縣早膳。午後三時達酒泉。日行二百一十六公里。駐酒泉騎五師馬師長呈祥親率全體官兵郊迎。馬師長係青省馬主席步芳之外甥，年僅二十八，英年幹練之士也。居騎五師司令部。余定本月十二日飛機回渝。在此數日

內，預擬明日考察玉門油礦，隨而轉往安西。頃奉總裁
歌電，令青省馬主席於十五日前趕到重慶，俾得列席
九中全會。余遂電徵馬主席意見，安西之行，只得作
罷，深以為憾。茲將總裁亥歌電暨致馬主席陽電，抄錄
如後：

總裁亥歌電　十二月五日

張掖探轉吳委員長禮卿兄：

　　戌豔青、戌陷青兩電均悉，馬主席已有電逕行呈
報，經復令於本月十五日以前趕到重慶，俾得列席九中
全會，盼兄同來。

中正
亥歌侍秘

致馬主席陽電　十二月七日

西寧馬主席子香兄勛鑒：

　　弟昨抵酒泉，得總裁歌侍電開，經電復馬主席請於
本月十五日前趕到重慶，俾列席九中全會等因。兄意如
何？請速電覆，以便準備飛機為荷！

弟吳忠信
陽

附河西情形如後：

（甲）河西區域

河西位甘肅西北部，東南起自武威（涼州），西北迄於敦煌，中有張掖（甘州）、酒泉（肅州）、玉門、安西諸重鎮，構成一西北而東南向之狹長之走廊，世人名之曰西北走廊。

（乙）河西形勢

河西位甘肅西北部，南與青海草原相隔，北以合黎山、龍首山、馬鬃山與蒙古戈壁相接（祁連山亦稱南山，合黎諸山亦稱北山），向扼東西交通之咽喉。海運未通時期，中國與印度、中亞、近東以及歐洲間文化思想之傳遞，貨物商旅之往來，要皆取道於此。武威南出蘭州，可以西通青海，而達康藏，東通甘陝，而入中原、東北及寧夏、綏遠，而接蒙古草原。安西北至哈密，可以通迪化、伊犁、塔城，以入俄境。敦煌西走諾羌，可以通和闐、疏勒，以達印度與阿富汗。故安西、敦煌，實為此走廊之西北門戶，蘭州實為其東南門戶，而弱水流域（額濟納河）北穿戈壁，南通甘涼，酒泉實扼其要衝。安西、敦煌固可控制西北，安定宇內，蘭州固足以駕馭蒙綏，屏障青海，酒泉又可驅拒來自額濟納方面之外侵，第所以能固此四方者，斯西北長廊為其天然堡壘使然耳！我大漢民族欲圖自守，必先守此門戶，欲通西域，必先開闢此路。抑且武威、張掖、酒泉一帶，雖拔海一千公尺以上，大率地勢平坦，濱河倚水之

處，雪水灌溉，皆成良畝，可資屯墾，西人目為甘肅肥田、寧夏平原及青海湟水流域，並稱西北重要農區。安西西去嘉峪關約四百公里，瀕疏勒河，附近水利頗饒，為甘肅西北之重要水草田，自此以西，皆為砂磧，直至哈密，方見園林。敦煌位安西西南，黨河中流，水草肥美，又據漢代長城之西端，自漢以來，歷代皆為屯戍之區，軍事重鎮，誠國防之要衝也。

（丙）河西交通

由內地通新疆之大道凡三：

一由大道：經隴海路至蘭州，出嘉峪關（酒泉西七十里），經安西，踰星星峽、過嶺至鎮西，經奇台而至迪化，是為南路。

二由商路：取道歸綏，經蒙古草原，而至鎮西、迪化，是為北路。

三由俄道：循西伯利亞鐵路、土西鐵路，至賽橋堡，乘汽車至塔城，而達迪化。

南路直貫走廊，北路穿弱水流域下游、額濟納旗一帶，當馬鬃山之北，在戰略上地位重要。今西北公路，即循南路達迪化，新綏汽車路，即循北路經歸綏、二里子河等地入新疆，惟皆通北疆，若由敦煌通南疆，即古玉門古道及陽關古道，近湮沒不通，或有主張復闢者，則河西形勢，益增其要焉！

（丁）河西民族

大凡商旅頻繁之區，民族雜遝，動輒爭戰，今之巴

爾幹、敍利亞以及中國之新疆可以明矣。河西向為我國
各民族往來場所，居民今猶複雜，大抵祁連山一帶藏人
（黃番、黑番）駐牧，合黎山、馬鬃山一帶蒙人出沒，
漢、回人則集諸城鎮，五方雜處，易致紛爭，史實昭
然，亦今國防上應注意者。

12月7日　星期日　大雪

　　上午接見祁連山喇嘛、藏民代表、蒙古代表、纏回
代表等五十餘人，各贈以禮品，又接見酒泉各機關職員
及士紳等三十餘人。今日因青海馬主席赴渝事，與馬主
席通電數次，嗣得馬亥陽未復電稱決定赴渝，乃即上電
總裁報告，並請派飛機來酒泉，再轉飛西寧，以便偕馬
主席一同飛渝。茲將今日來往四電錄之如左：

馬主席亥陽電　十二月七日

肅州吳委員長禮公賜鑒：

　　頃奉委座亥歌侍秘電開，戌卅府電悉，兄年來在青
政績，茲擬來渝述職，無任歡迎，現九中全會定於本月
十五日舉行，如兄能於十五日至廿日之間趕到，俾得列
席全會，以資觀摩更好等因。芳應如何呈復之處？請即
裁酌電示為感！敬聞。

馬步芳叩

亥陽辰府秘

致馬主席亥虞午電　十二月七日

西寧馬主席子香兄勛鑒：

　　陽辰府秘電敬悉，陽電計達。委座既來電歡迎，而兄又決定赴渝，似可電復遵往。如荷同意，弟當準備飛機，俾使同行。弟明晨赴油礦，後日回肅，甚盼本日即賜覆電為幸！

弟吳忠信
亥虞午肅

馬主席亥陽未電　十二月七日

肅州吳委員長禮公賜鑒：

　　陽虞午兩電均奉悉，自當遵囑前往，請派飛機下週即十四日來青，與我公同機前往。惟在何處相會？請即電示，以便準備一切。再，芳暈機，按兩程飛渝，併以奉聞！

馬步芳叩
亥陽未府秘

上總裁亥虞戌電　十二月七日

重慶委員長蔣鈞鑒：

　　亥歌侍秘電奉悉，當即電促馬主席。頃准亥陽電復節稱，自當遵命赴渝，請派飛機於十四日前來青，芳即由青起飛，再芳暈機，須按兩程飛渝等由。茲懇：

（一）迅飭歐亞公司派飛機先來酒泉接信，再飛西寧接馬主席，俾一同飛渝。

（二）馬主席經過蘭州及成都時，須稍事休息，請電

飭該兩地方當局予以保護。

（三）馬主席到渝住所，請飭交際處予以準備，如能
覓屋一幢，尤為妥便。

（四）信現在酒泉等候飛機，並乞電復。

吳忠信叩
亥虞戌肅

12月8日　星期一

清晨致馬主席，告以已電請總裁派機來接，電文
如下：

致馬主席庚辰電　十二月八日

西寧馬主席子香兄勛鑒：

亥陽未府秘電敬悉，經已電呈總裁，並派飛機來青
相接，弟自當同機飛渝。將來究隨機來青，或在蘭州等
候，容俟飛機洽定後，再行奉聞也。其餘統照尊意辦
理，併及。

弟吳忠信
庚辰肅

上午九時啟程前往石油河之汽油礦考察，馬師長呈
祥、曹專員漢章等同行。十時抵嘉峪關油礦局辦事處，
聽取處方報告，並先事視察煉油廠。午飯後，西出嘉峪
關，即景又得一詩，題為登嘉峪關，茲錄之如左：

登嘉峪關

漢唐文化西流徑，多少英雄度此關；
萬里無雲天一色，挽回錦繡我河山。

　　午後三時到達甘肅油礦局，即率同諸團員考察油井。
　　昨夜日軍採不宣而戰、先發制人手段，發動太平洋戰爭，襲擊檀香山、珍珠港。今日進攻香港、轟炸菲列賓、關島各地，侵入天津英租界及上海公共租界，登陸馬來亞，並迫泰簽訂協定，宣佈對英、美宣戰。美總統羅斯福乃下令陸海空軍總動員。可見近日之日美談判，日方豈有誠意哉！

12月9日　星期二

　　上午繼續考察油井。午後二時，參觀計劃中之新煉油廠廠址，其地適當石油河下游五公里，預擬全部鑿山洞，以防空襲。五時，招油礦局各部負責人員舉行座談會，余起立致詞，即憑考察所及，對該局略予評語。晚間，油礦局職工特為演劇，以示歡迎。
　　今日我國府發表對日、德、義宣戰；美亦正式宣布對日作戰；而美總統羅斯福與英首相邱吉爾分電蔣委員長，同申共同奮鬥消滅暴力之信心。

　　附述玉門油礦概況如後：

（甲）位置
　　玉門油礦在玉門縣之石油河，地當祁連山之北

麓，東距蘭州八百三十六公里，南距重慶二千五
百五十二公里，西距猩猩峽三百零三公里，拔海
二千四百公尺。

（乙）歷史

二十七年七月，經濟部、資源委員會組織甘肅油
礦籌備處，積極設法開採；二十八年四月，開始
見油；卅年三月，成立甘肅油礦局。

（丙）產油

（1）二十八年度

產原油	十二萬七千一百五十四加侖
汽油	四千一百六十加侖
煤油	四千一百另一加侖
柴油	七千三百九十三加侖

（2）二十九年度

產原油	四十萬五千六百四十二加侖
汽油	七萬三千四百六十三加侖
煤油	三萬二千三百三十五加侖
柴油	六萬一千五百三十五加侖

（3）卅年度（十一月底止）

產原油	二百九十六萬二千三百五十加侖
汽油	十六萬五千九百十六加侖
煤油	十萬另七千九百八十八加侖
柴油	十三萬四千三百八十七加侖

（丁）鑿井

第一井　深一百一十五公尺

第二井　深二百公尺

第三井　深一百九十三公尺

第四井　深四百四十五公尺

第五井　深一百五十三公尺

第六井　深二百七十四公尺

第七井　深三百三十四公尺

第八井　深四百五十公尺

（戊）經費

四年共計　九千九百七十六萬一千四百五十二圓

（1）二十七年度 二十萬圓

（2）二十八年度 二百三十六萬圓

（3）二十九年度 一千一百三十五萬七千一百一十九圓

（4）三十年度　八千五百八十九萬八千三百三十二圓

（己）希望

（1）油區甚為廣大，南北十餘華里，東西（沿祁連山東行達酒泉附近）五十餘華里，油層深厚，如大量開採，估計可敷五十年至一百年之用。

（2）設備尚須擴充，因今煉油機器不足，產量有限，據聞如果由美購來之機器裝置完竣，則每年可出油之數量如下：

一、飛機油一百萬加侖。

二、汽油八百八十萬加侖。

　　三、煤油一百萬加侖。

　　四、柴油二百萬加侖。

（3）該礦新擬擴充煉油計劃，倘新購機器如願運到，
　　而上項計劃又能完成，則每年可出油之數量如下：

　　一、飛機油三百萬加侖。

　　二、汽油五千五百萬加侖。

　　三、煤油一百九十萬加侖。

　　四、柴油一千另四十萬加侖。

　　五、滑油一百萬加侖。

　　查我國二十六年進口汽油數量為五千五百萬加侖，
適與上列數相等，如此全國用油問題，可告解決。並悉
甘肅永昌及青海民和，均有油礦，倘能併予開採，則為
數更宏矣！

12月10日　星期三

　　今日鄭副團長率諸團員赴玉門縣考察。余上午十時
離油礦局，午後一時回抵酒泉，得奉油礦局轉來總裁佳
電，大意謂已令歐亞公司派機接余與馬主席赴渝，其他
電令蘭、蓉兩地保護暨到渝後招待馬主席各節，亦已照
辦。余遂將總裁電文轉以電告馬主席。既而，馬主席
亦有電來，告以總裁派機相接事。茲將上述三電抄錄
於後：

總裁亥佳電　十二月九日

油礦局轉呈吳委員長禮卿兄：

　　亥虞戌肅電悉，所請派機接兄與馬主席，並分電

蘭、蓉兩地予以保護，暨到渝招待各節，已分別電令各
主管機關照辦矣！

中正

亥佳侍秘

致馬主席蒸肅電　十二月十日

西寧馬主席子香兄勛鑒：

　　頃奉總裁亥佳侍秘電開，亥虞戌肅電悉，所請派機
接兄與馬主席，並分電蘭、蓉兩地予以保護各節，已分
別電令各主管機關照辦矣等因。特即電聞。

弟吳忠信

蒸肅

馬主席亥蒸電　十二月十日

肅州馬師長飛送妥呈吳委員長禮公賜鑒：

　　親譯。頃奉委員長蔣亥佳侍秘電開，已令歐亞公司
派機接兄及吳委員長來渝，並分電甘、川兩省政府屆時
加意招待矣等因。職謹遵在青候機，一俟到達，即行起
飛，隨從鈞座一同飛渝。肅先奉聞，尚懇示復為禱！

職馬步芳叩

亥蒸府秘

　　余早與重慶高大經、李芋龕兩君約定十二日哈渝班
機飛渝，頃得兩君來電謂歐亞公司有兩機為日機炸燬於
香港，該公司哈渝班機停航，請余先行搭車到蘭，然後
飛渝。兩君當不知總裁有電令派機來酒泉，余乃將總裁

來電大意電告之，並申明此次專機意義重要，務希多多
設法云。

12月11日　星期四

今日靜候飛機消息，並與曹專員談新疆形勢及哈薩
東擾經過，余主張設法安撫。及晚，鄭副團長等考察玉
門完畢，亦返抵酒泉。

今日德、義兩國對美宣戰，美亦對德、義宣戰。日
來日軍突擊太平洋英、美各據點，英、美頗有損失。

12月12日　星期五

各團員在酒泉考察甘肅第四區督察專員公署、酒泉
縣政府、縣黨部及中央駐酒泉之各財政機關。余上午親
往考察國立肅州師範、省立師範，暨庚款委員會所辦之
河西中學三處，中以肅州師範較具規模，省立師範經
費短絀，殊嫌敗陋。旋得侍從室陳主任布雷兄來電，據
告機運紛繁，民航機來酒泉已無望，稍緩擬派軍運機飛
蘭。余於是定翌朝乘車離酒泉，並即電復陳主任布雷
兄。茲將今日與陳主任來往兩電錄之如後：

陳主任真電　十二月十一日

酒泉吳委員長禮卿先生鑒：

日內運務紛繁，無民用機可派，稍緩當另設法，不
日擬簽請委座派軍用運輸機來接，俟奉批後再告。

布雷叩

真

致陳主任文戌電　十二月十二日

重慶委員長侍從室陳主任布雷先生：

　　真電敬悉。弟明晨乘車赴蘭州候命，寒日在張掖，刪日抵武威，銑或篠抵蘭州。馬主席此次謁見委座，意極誠摯，如能設法派機迎接，較為圓滿，並乞轉陳是幸！

弟吳忠信叩
文戌肅

12 月 13 日　星期六

　　清晨發出致馬主席元電，告以飛機消息，電文如左：

致馬主席元電　十二月十三日

西寧馬主席子香兄勛鑒：

　　此次暴日對英、美宣戰，歐亞公司留港飛機，頗有損失。頃復得陳主任布雷兄真電開，日內運務紛繁，無民用機可派，稍緩當另設法，不日擬簽請委座派軍用運輸機來接，俟奉批後再告等由。弟今晨乘車先赴蘭州相候，銑或篠或到，嗣後情形，當再隨時奉聞也！

弟吳忠信
元肅

　　上午七時，率全體員團離酒泉。午飯高台縣，民國二十五年冬，紅軍二千曾為青海軍擊敗於此。午後四時半抵張掖，仍住一百師師部。到張掖後，先後接馬主席亥文申、亥元申兩電，電文如下：

馬主席亥文申電　十二月十二日

甘州韓師長轉吳委員長禮公賜鑒：

　　奉委座蔣亥真侍秘電，近日機務紛繁，無民用飛機可派，俟另設法再告等因。敬聞！

馬步芳叩

亥文申府秘

馬主席亥元申電　十二月十三日

甘州吳委員長禮公賜鑒：

　　元電奉悉。我公現由肅赴蘭，無任欣慰，芳在青聽候命令。再趙專使亦與芳一同赴渝，併以奉聞！

馬步芳叩

亥元申府秘

12月14日　星期日

　　上午考察省立張掖中學、省立張掖師範及小學三所。午時於張掖縣縣政府進午膳。縣長邵玉章，安徽宿縣人。旋接見安徽同鄉二十餘人，渠等堅請題字，奈余今日事務特繁，一面致力考察工作，一面電訊頻頻往返，不遑寧暇，故力辭之，並告以向不為人題字，況復時間不及，難以報命！第諸同鄉環而懇求，意極誠摯，如此同鄉情誼，余卒為所動，立揮二十餘紙，匆迫之間，應酬題字之苦，莫此為甚！

　　陳主任布雷兄來電曰，總裁已派定軍運機至蘭，接余與馬主席飛渝。茲將今日來往各電，抄錄於後：

致馬主席寒辰電　十二月十四日
西寧馬主席子香兄勛鑒：

　　文、元兩電敬悉，弟明晨赴涼，併聞！

弟吳忠信
寒辰甘

陳主任亥元電　十二月十三日
酒泉探轉吳委員長禮卿兄：

　　亥真電計達，茲已簽請委座，令飭航委會，派軍用運輸機前來接兄與馬主席，特電奉聞！

弟陳布電叩
亥元

致陳主任亥寒午電　十二月十四日
重慶委員長侍從室陳主任布雷先生：

　　元電敬悉，文肅電計達。弟準銑晚到蘭州候機飛渝，即乞轉知航委會為荷，再軍運機能容幾人？併希示及。

弟吳忠信叩
亥寒午甘

馬主席亥寒午電　十二月十四日
甘州吳委員長禮公賜鑒：

　　頃奉委座蔣亥元侍秘電開，亥真侍秘電計達，茲已令飭航委會，即派軍用運輸機前來接兄及吳委員長，特電知照等因。謹聞，應如何之處？乞電示為禱！

馬步芳叩

亥寒午府秘

致馬主席寒戌電　十二月十四日

西寧馬主席子香兄勛鑒：

寒午電敬悉，頃亦奉得委座元電，文同免贅。弟準
銑晚抵蘭州，一俟飛機派到，當即命之飛青接兄蒞蘭同
行，但若該機逕至西寧時，擬請兄即乘之飛蘭，俾期迅
速為幸！

弟吳忠信叩

寒戌甘

12月15日　星期一

晨七時，率各團員等啟程駛武威，順道考察山丹、
永昌兩縣，並在山丹午膳。午後三時抵武威，下榻西北
招待所，馬軍長步青即帶病來見，據談：青海馬主席今
日由西寧前赴蘭州矣！時余塵裝甫卸，倍感疲勞，而馬
軍長病體亦不勝累，雖欲與暢言，不我許也。

今日第五屆中央執行委員會第九次全體會議舉行開
幕典禮。

12月16日　星期二

清晨四時即起身，擬以一日時間趕到蘭州。六時啟
程，車行將出武威城，因車之油箱所貯汽油，其中含有
煤油過多，車告停駛，益以司機技術欠佳，機件受損，
不堪續行。比經借得交通銀行車代步，該車亦略有損

壞，勉強駕御，延至十一時半車開，午後四時半過永
登，少息進膳，夜十時始達蘭垣。青海馬主席今日午前
已先余到蘭矣。既抵蘭，即忙於接洽諸務，直至夜分始
罷。日間在途中，天既酷寒，車行又欠順利，故今日實
為余此次西北考察中最辛勞之一日，幸余暨各同仁身體
精神，均無減色，殊以為慰！

　　此番余來西北，為時不及二閱月，足跡遍歷甘、
寧、青三省。夫以若是短促之時間，行程千萬里，卒能
完成考察黨政，巡視蒙旂，暨致祭成陵等任務，堪以自
慰。揆其促成力量，交通實居首位，而以改乘飛機往
返寧夏一舉，關係尤鉅。蓋余原定先搭車往青海考察完
畢，乃循公路赴寧夏，最後靈機一動，決定先飛寧夏，
然後乘車至青海，俾在青有較充裕時間，與馬主席步芳
懇談，打開河西暗淡局面，並能早日陪同馬主席赴渝，
使河西調整計劃，即付實施，冥冥之中，似有神助！否
則倘先考察青海，次及寧夏，或以汽車赴寧夏，而不改
坐飛機，則余之能否親蒞考察寧夏黨政，青海馬主席之
能否早日赴渝謁見委座，與夫河西問題之能否立即圖謀
解決，未可知也！甚矣哉，交通便捷之重要也！時間把
握之重要也！

12月17日　星期三

　　上午八時半，甘肅省政府公宴青海馬主席，余作
陪。余與馬主席原定乘軍運機飛渝，旋歐亞航空公司派
有機來，遂改坐歐亞機。同機除馬主席外，有朱司令長
官一民、趙專使守鈺暨周秘書昆田等數人。蘭州各高級

黨政人員均到機場歡送。上午十一時半機起飛，午後三時到渝，中樞當局鑒於馬主席步芳久未晉京，來機場歡迎者非常眾多，馬深感興奮焉。余遂借居張文白兄寓所。留蘭之鄭副團長及各團員，擬於日間考察臨洮與隴東平涼，然後繞道西安返渝。

12月18日　星期四

上午九時出席九中全會第四次大會，並分別介紹青海馬主席與中央諸同仁相見。午十二時半，總裁邀余及馬主席等午餐，並聆取馬主席報告青海黨政軍情形，甚為欣忭，即予慰勉。席散，余單獨向總裁報告西北情況及馬主席此行經過，總裁囑與馬主席妥為洽談。午後陪馬主席訪晤李德鄰、白健生諸兄。晚間，西康劉主席文輝來談，欲於邊事與余取得聯絡。

12月19日　星期五

上午九時出席九中全會第五次大會。午後復出席第六次大會，會中討論土地政策綱領草案，總裁致訓辭，申述總理之貨幣革命、糧食管理與土地政策三者之重要性：實施貨幣革命，結果得以抗日；推行糧食管理，糧食危機泰半解決；現在如又履行土地政策，則一切問題均可掃除矣！夜七時，總裁召赴晚餐，並續談西北問題。余對應付西北之主張，提出十四個字，即：「調整青海，鞏固甘肅，相機收復新疆」。總裁深為頷首，並囑擔任辦理此事。余曰貢獻意見，充一幕僚，斯乃可耳！

12月20日　星期六

上午九時出席大會，會間通過電慰僑胞及確立今後黨務、政治、經濟諸方針等要案。午後與馬主席討論西北問題，以河西撤兵為談話中心，商定將來青海軍可負對西藏與南疆之國防責任。談話結果，十分圓滿，國防前途，裨益良夥。遂由周秘書昆田草擬辦法，呈請總裁核定。該項草擬辦法，名曰擬議調整青海軍政辦法草案，係馬主席到渝以還迭次談話之最後結論也。茲將該草案照錄如左：

擬議調整青海軍政辦法草案

（一）青海部隊可以擔負對藏及新疆南部之國防責任，惟裝備欠缺，擬請中央予以補充。

（二）現駐甘肅張掖縣一帶之第八十二軍第一百師，擬調青海整理，奉令後三星期即可開拔完畢。惟所有八十二軍，均係有餉無糧，擬請中央照一般軍隊，發給糧食。

（三）甘肅民樂縣大馬營西，有馬場一處，係私人所有，將來任何軍隊駐紮，須予保護。

（四）青海全年收入僅一百二十萬元，中央雖每年補助九十七萬二千元，但行政費仍甚艱窘，公務員待遇極低，簡任官僅月支八十元，委任官僅月支三十元至六十元，實不足維持生活，擬請中央照現在補助數目酌予增加。

（五）玉樹、果洛、甘孜、德格等地，處於甘、青、川、康邊區，為各該省政令之所難及，似可劃建

為一新的行省，俾資治理。惟此事須與甘肅、四川、西康各省府商妥後，始能舉辦，在未劃建新省之前，玉樹一帶，仍擬由青海派軍駐紮。

（六）青海西部柴達木一帶，氣候土壤，均極宜於墾植，擬請設立屯墾督辦一員，俾資統籌。查現駐甘肅武威（涼州）之騎兵第五軍軍長馬步青，剿除共匪，修築公路，素著勛績，擬請即任命馬步青為柴達木屯墾督辦，必多建樹。

（七）現駐甘肅酒泉（肅州）一帶之騎兵第五師，擬調往柴達木一帶駐紮，惟柴達木一帶無多房屋，擬由青海省府指撥地方，予其居住。至對嘉峪關外之安西、敦煌兩縣治安，仍由該師暫負其責。

（八）騎兵第五軍之一師，及軍部附屬部隊，現分駐甘肅臨夏（河州）及武威一帶，暫維原防，將來如有調動，擬將駐武威之一部隊，調往臨夏，或開赴國防前線，容俟另商。關於該軍糧食，青海實無法負擔，擬請中央照一般軍隊發給。

（九）現在前線抗戰之騎兵第八師師長馬彪，年事已高，擬請中央另予位置（最好由軍事參議院予以名義）。所遺師長一缺，並擬請以素著勛勞之第一百師旅長馬步康升充。

以上所陳，柴達木屯墾督辦及騎五軍調動事宜，擬請俟第八十二軍第一百師調動完竣後，再次第發表，在未發表前，務請保守秘密。

晚六時，馮煥章先生招赴晚餐。八時，往訪陳光甫

夫婦，渠等近由香港冒險飛來重慶，殊堪慶慰！

12 月 21 日　星期日

上午九時離城回鄉，抵時蒙藏委員會同仁等均出迎，午後即返城。

港九戰況，敵人既佔九龍，復在香港登陸，戰事已至最後階段，港島失陷，不過時間問題而已！

12 月 22 日　星期一　冬至

上午九時出席中央紀念週，總裁主席，並致訓辭。紀念週完畢，續開第九次大會。午十二時半，賀貴巖兄約青海馬主席午餐，余亦與焉。午後三時，出席第十次大會，全體決議通過授予總裁大權，完成抗戰勝利建國成功任務，並與各友邦共同建立世界和平案。晚間往訪西康劉主席，相談中印公路及康藏一般問題。

12 月 23 日　星期二

上午八時出席政治審查會。九時出席第十一次大會，決議要案數起，如：加強國家總動員實施綱領；設置地政署，直屬行政院；國防委員會添設政務襄贊機關；監察、考試兩院副院長、行政院秘書長，及外交、農林、銓敘三部長均易長。又通過全會宣言，略謂遵奉三民主義、認識民族責任、加強總動員、無論何部門工作胥須適合戰時條件、願各種政策均得順利推行、復忠誠篤實以付實踐云云。十二時卅分大會閉幕。午後二時，總裁假嘉陵賓館午餐招待全體執監委員，即席頒致

訓話，語多勉勖。三時至中央廣播事業指導委員會灌製
總理遺教留音片，余擔任灌地方自治開始實行法中一
段。晚間，國府林主席設宴招待全體委員，旁有音樂
助興。

12 月 24 日　星期三

　　上午偕青海馬主席參觀興業公司鋼鐵廠，該廠民二
十七年冬籌設，設資共達九千餘萬元，現已出產鋼鐵，
抗戰期間，成此事業，確是不易。晚六時，歡宴西藏駐
渝新代表數人，渠等不審內地習俗，諸多隔閡，余藉此
機會，以求彼此諒解。且因中印公路，勢必修築，故又
力促渠等轉告藏政府，勿持成見，免傷雙方感情。九時
席散，甘肅谷主席接踵至，谷主席意態消極，擬辭主席
職。余力勸不可，並諄諄告以若有為難，余當相助，暢
談歷二小時，至十一時，谷始離去。

12 月 25 日　星期四

　　午十二時，宴章嘉，請羅佸子兄等陪席。今日並
會見湘黔鐵路局局長侯家源暨皖民政廳廳長韋永成等
數人。

12 月 26 日　星期五

　　英殖民部昨日正式宣布香港守軍業已終止抵抗。夫
香港苦戰以來，港督三度拒絕勸降，卒因飲料發生問
題，屈膝敵前。英人經營百年之東亞據點，僅盡十數日
之時間，拱手讓人，不禁感慨系之。

12 月 27 日　星期六

關於余與青海馬主席所擬調整青海軍政辦法草案，總裁即飭交何總參謀長與余等會商辦理。午後三時，余與青海馬主席應何總長之邀請，同往軍委會，經與何總長會商結果，大致悉照余與馬主席所擬調整青海軍政辦法草案之原意辦理。其重要之點，有如下述：

（一）河西軍隊撤回青海，由中央另派軍隊接防之。

（二）青海軍隊之糧餉，自後與中央其他部隊一律待遇。

（三）騎五軍軍長馬步青任以柴達木屯墾督辦。

（四）玉樹未建省前，仍由青海軍駐防之。

（五）青海軍隊擔負對西藏及南疆之國防責任。

（六）青海政費由中央酌予補助。

（七）大馬營馬場及張掖墾地五千畝，原係馬主席私產，現即以之貢獻國家。

青海局面之調整，於焉告一段落，成績若是美滿，誠屬出人意外！馬主席之毅然來渝，可謂此行不虛，余乃中間負責者，尤感欣慰。而馬主席因何總長對余等原擬草案內容，大體不予改動，深為鼓舞，並詢以所故？余乃曰：昔曾告君辦事著重把握者，此之謂也！馬不禁莞爾。

12 月 28 日　星期日

上午九時至中央黨部參加王故委員法勤、劉故委員守中追悼會，蔣總裁主席，張溥泉先生報告死者生平。十一時余宴請青海馬主席及其隨從等於百齡餐廳。晚七

時，何總長約余與馬主席餐聚，朱長官一民、谷主席
紀常等亦在座。昨日余與何總長、馬主席會商議定之調
整青海案，已呈奉總裁批准，今晚何總長即席宣布調整
內容。蓋朱長官與谷主席尚未深得其詳，而今日亦可謂
調整青海案最後完成之一日。九時半，伴馬主席謁總裁
辭行，總裁頗加慰勉，馬主席則深表服從之忱。又馬主
席因騎兵師長馬彪年邁，欲調第一百師旅長馬步康升充
之，日昨與何總長會商結果，何答此事尚須考慮，今晚
馬主席辭行總裁之際，即面向總裁請示，幸邀允準，亦
佳事也。燈夜歸途，馬主席頻頻自認此番渝行，成績圓
滿云。

12 月 29 日　星期一

　　青海馬主席抵渝十有三日，今晨乘車離渝赴蓉，轉
飛西寧。余四時半起身，五時半至馬主席居處送行，並
派周秘書昆田隨行到蓉，軍委會方面亦派副官，率帶憲
兵，護送成都。八時出席中央紀念週，何總長報告世界
戰局，略謂太平洋戰事，目前英美情勢，殊屬不利云。

12 月 30 日　星期二

　　午前訪陳果夫、陳雪軒諸兄，即在雪軒兄處午膳。
午後，朱長官一民、白部長健生來晤，白頗注意邊事，
主張乘此機會，用兵西藏，以謀藏事之根本解決。旋又
接見郭大鳴君，談及新疆問題，余力持以大公無私態度
處理之。

12 月 31 日　星期三

周秘書昆田來電報告，馬主席等昨已安抵蓉城，定
今日飛蘭轉青。本晚晉謁總裁，報告馬主席已由蓉返
青，並說明青海既已擁護中央，河西亦已收回，依余判
斷，將來中央力量達到安西一帶時，則盛世才必定擁護
中央。說這話，總裁甚為快慰，時陳布雷先生亦在座。

一年之回顧

民國三十年之光陰，已離吾人而去。在此一年之
中，世界國家及余個人，均有極多之新的事實，相繼發
生。關於世界者，最大為德蘇戰事及太平洋戰事之爆
發。關於國家者，最大為田賦徵實及對德、意、日之同
時宣戰。關於我個人者，最大則為此次西北之行。前兩
者姑不具論，現當西北之行任務已告完成之際，特就其
意義所在，略作數言，以當歲末之紀念：

一、考核黨政

計劃、執行、考核三聯制之實施，為國家行政上最
新之設置，欲改革舊日缺點，躋國家於現代化之域，自
必須經過此項過程。考核為行政三聯制中之一環，關係
至為重要，故中央特設一黨政工作考核委員會，以專
管其事。惟我國政治，積重難返，新制推行，難收速
效，而遴派大員赴外省考察，既屬創舉，西北情形較為
特殊，所負任務，尤為艱鉅。余於奉命之初，即深自警
惕，乃仰賴總裁德威，及同仁努力，於甚短期間，即將
任務圓滿完成，給予各方以良好影響，殊堪欣慰。其次

在甘、寧、青三省，不少蒙、藏同胞，余均便往視察，
其於邊政之推進，亦多裨助也。

二、代表致祭成吉思汗陵寢

　　成吉思汗為蒙古民族崛起之雄，威馳歐亞，氣懾山
河，世界人士對其無不表示崇敬，蒙古官民之信仰尊
重，尤屬靡以復加。成陵原在伊金霍洛，自遷甘肅後，
雖年有年祭，月有月祭，尚未足表其隆重，甚至有以中
央僅祭漢人之祖黃陵，不祭蒙人之祖成陵，為挑撥之
資。此次余以赴西北之便，代表總裁前往致祭，儀式隆
重莊嚴，一掃無稽謠言，予邊人以極良好之觀感。此在
歷史及文獻上，均將留下不可磨滅之一頁。

三、河西調防及偕馬主席來渝

　　自漢武帝開武威、張掖、酒泉、敦煌之河西四郡，
斷匈奴右臂，隔羌胡之交，此一走廊地帶，遂與國家發
生極重要之關係，歷代之經營西北者，必須掌握此一地
帶，得之則興，失之則衰或底於亡。而此一地帶，又
為西北民族交互爭取之區域，其對中原態度，亦視國力
如何，叛服靡常，兩晉、隋、唐、宋、元、明、清各代
之往事，可以覆按。民國建立，五族一家，其情形當然
稍異，但該地遠接新疆，為通國際要道，仍屬西北各省
之樞紐，抗戰以還，其地位尤顯重要。惟自民國二十年
以來，河西悉為騎五軍馬步青軍長及青海馬主席步芳之
部隊所駐紮，抗戰後，彼地修路護路諸工作，雖能次第
進展，然中央軍令未能貫澈，省府政令未能盡行，遂使

西北建設，不克積極實施，對於新疆溝通之加強，尤感困難。余自到西北後，察知其中癥結，因決定盡我最大努力，為國家解決此項問題。及抵青海，與馬步芳主席迭次洽談，開誠布公，語無虛飾。馬主席為我誠意所感動，而彼又原為深明大義豪爽果毅之人，乃贊成河西駐軍之無條件撤退，由中央另派軍隊接防，並決定隨余來渝謁見總裁，面聆訓誨。現在調防計劃已定，即可實施，西北走廊局面，瞬即臻於調整，未煩一兵，未費一錢，成事不為不易。從此力求充實，用以溝通新疆，控制西北，其對於國際交通之開闢，國防資源之保衛，軍事政治之加強，民族宗教之融洽，關係當極鉅大也。

　　以上三點，或關於制度之推行，或關於民族之團結，或關於國防基礎之奠立，均能於兩三月之時間中，使其完成，良堪躊躇滿志，而對國家有是數項貢獻，此一年亦可謂不虛度矣。

附記
三十年次要事項

民國三十年次要事項日記目錄

甲、治邊之感想

乙、五屆第八次中全會有關邊疆事宜

丙、辭蒙藏委員會委員長

丁、重慶大轟炸

戊、國內外戰事分析

己、張溥泉堅決反共

庚、回憶總理就任非常大總統

辛、夢先太夫人

壬、雜記

甲、治邊之感想

　　團結蒙古，安定西藏，為余長蒙藏委員會以來之一
貫政策，亦即是余治邊之主要政策。此種政策，係根據
邊疆實際情形，與抗戰需要而確定者。

　　茲將治邊感想略述如下：

一、邊疆區域遼闊，蘊藏豐富，如何始能使之鞏固？如
　　何始能使之開發？在國防建設和經濟建設上，的確
　　成為大問題，需要加以研究。

二、推行政策，解決問題，需要權責分明，目前中央
　　政府在邊政上所犯的毛病，就是權責不清，意見紛
　　歧，形成各自為謀，政出多門，彼此從無密切之聯
　　繫，鮮有具體之配合，缺乏統一之督導。長此以
　　往，不僅不足以建設邊疆，鞏固國防，恐適足以擾
　　亂邊政，授人以隙，反而製造出許多糾紛。

三、本會在國家行政體制上，是一個正常的治邊機關，
　　主要是政治性的。但是受了政治環境的限制，其職
　　權不能充分發揮，其工作不能充分表現，簡直處於
　　被動地位，變成冷門。在現階段，本會惟有一面加
　　強政治的力量，採取穩健的作風，一面拿出負責的
　　態度，同時設法溝通中央對邊疆情況的瞭解，另辦
　　各種刊物，廣為宣傳，希望大家重視邊政。

四、蘇子瞻晁錯論，首段謂：「天下之事最不為者，名
　　為治平之事，而其實有不測之憂，坐觀其變而不為

之所，則恐至於不可救，起而強為之則天下狃於治平之安而不吾信。」今日邊政情形，亦正類此，自表面觀之，固屬安然無事，然一究其實，殊有不測之憂，心所謂危，每不憚於各種公開場合，剴切言之，私人間提及這些話，我想多少要起一點說服的作用，挽救邊政危機。

五、邊疆的範圍很廣，蒙藏委員會的施政對象，顧名思義，是以蒙古和西藏為主。西藏方面本會設有辦事處，機關比較單一，事情好辦些，蒙古方面則不然，除蒙旗地方政府外，中央設的黨政軍機構林立。本會對蒙旗地方政府，還有辦法對付，而對這些大大小小的黨政軍機構，簡直無法統一。故不談邊政則已，要治理邊政，非精簡機構不可。

六、邊事原甚複雜，尤以中央少數要人不明邊地實況，專門唱高調，歡喜感情用事，以致邊人乘機鑽營，挾邊人以自重，結果本會增加許多麻煩。惟自問主管邊政將近五載，總算替國家辦了許多事情，解決了不少問題，現在對邊事若忽抱消極態度，事實上不許可，若作積極打算，又多阻窒礙，殊感進退兩難。

七、就蒙藏委員會本身言，也有很多問題，尤其是人事問題，時常引起困擾，惟余做了這麼多單位的主管，對僚屬總是寬厚，凡事在可能範圍內，無不予以提攜鼓勵，談到長官對僚屬的關係，可以說仁至義盡。惟本會自成立以來，即以優待邊人，安插邊人為慣例，人事始終未上軌道，影響會務甚鉅，惟

積重難返，祇得徐圖改進。

乙、第五屆第八次中全會有關邊疆事宜

卅年四月二日上午，第五屆執行委員第八次全體會議第十一次大會討論主席團所提「加強國內各民族及宗教間之融洽團結」一案。余起立發言，就中各點加以申述，首謂人類平等重在法律平等，中央對於邊地並無不平等之法律，惟邊疆人本身則因舊習慣、舊制度（王公盟旗）之存在，非常妨害其本身之進步，中央隨時設法予以改善頗費心思，茲略舉優待條例，如中央任用邊人，凡高中畢業即可以薦任錄用，尤其不合理者，是邊疆人投考內地學校因成績不夠標準輒加分錄取，其他無銓敘資格者，更多破格任用，其特殊與不平等孰有甚於此者。余特引總理遺教有關真平等、假平等為證，所謂真平等者，即立足點的平等，返過來，就變成平頭的平等，也就是假平等、不平等了。

邊政有如此矛盾，如此複雜，應當理智與感情並重，如專重理智，則邊人愈走愈遠，如專重感情，則愈弄愈糟。當時在會場之邊疆人士（如麥斯武德、艾沙、樂景濤、羅桑堅贊等），皆表示不滿意見，余加以反駁，會場形勢頗緊張。主席即將蒙藏委員會改為邊政委員會，以牽涉方面太多，宣佈刪去。亦可見主席團對此案之提出，並未深加考慮。蒙旗宣化使中央委員章嘉呼圖克圖，曾一再向余申明，不參加反對本會，並強調不必與彼等較量，蒙藏回團體無力量可以代表地方政府，而且他們大多不能回到各地方，他們不明中央之優待，于情

于理，是不對的。章嘉大師深明大義，擁護中央，而一般邊疆人，對章嘉非常信仰。

會後我向國民政府林主席子超（森）先生表示，我修養不夠，不應在大會場與邊疆人士發生爭論。林先生答曰：「如同一個毒瘤，經此開刀，則以後事情就好辦了。」林先生所云，乃深知邊疆人士情形，殊堪佩服。

我這次在全會說話，有兩點意見：

一、根據事實與愛護邊人，向他們忠告。

二、請中央諸公勿再越權，要尊重主管此項事務者。

回教為中央委員麥斯武德、立法委員艾沙，蒙古為中央委員兼立法委員樂景濤等，西藏為班禪辦事處兼立法委員羅桑堅贊等。麥、艾是在新疆與盛主席鬧意見來內地的，他們是絕對反對新疆的當局，樂景濤是反對蒙古王公制度者，羅桑堅贊是歷來反對西藏政府者，同時他們想在中央得實際高位，與我以中央立場應付邊疆環境大為不合。現在中央已不能自由派人前往新疆，且封鎖甚為嚴密，我想設法予以溝通。至蒙古方面，自察哈爾、熱河淪陷後，敵人對於該處王公特別優遇，更以德王為領袖，組織蒙疆政府。故余對於未淪陷之蒙古王公，當然暫時予以維持，希望已失陷之蒙旗王公歸來。至西藏方面，自余入藏辦理達賴轉世，與前藏交涉，班禪靈櫬得以回藏建塔，藏政府對於中央感情日漸好轉，現在正謀進一步與之聯絡。就以上各種措施及此次八中全會之報告，說明邊疆之內容，在中央為權利是視之邊人，勢必大為不滿。

丙、辭蒙藏委員會委員長

余本擬以邊事為終身事業，乃感於各方意見紛歧，不能放手做去，長此以往，第恐貽誤國家大事。緣余數十年來有關個人之出處，無不以公字為立場，使良心得以安慰。即令目前稍見吃虧，亦必能獲得最後之成功。余此次決心辭職，可謂至大至公，心安理得，故於五月廿日向蔣總裁提出辭呈，其文曰：「信就任蒙藏委員會委員長已近五年，消極方面幸無隕越，而積極方面無法推動。現在抗戰期中，蒙藏事務，關係重要，擬請另簡賢能，不勝感禱之至！未盡之意，並請陳果夫兄代為轉陳。五月廿日」等語。蔣總裁復函慰留，其文曰：「兄主持邊政以來，賢勞卓著，現抗戰勝利愈形接近，一切邊疆大計，尤待未雨綢繆，以期逐步實施。務望勉為其難，勿萌消極，共濟時艱，以負倚畀為幸！中正。辰宥」等語。除請陳果夫兄代為進言外，一俟晤總裁時當再面陳，冀邀批准。

丁、重慶大轟炸

自抗戰以來，敵機即轟炸陪都——重慶，以本（卅）年四月至八月五個月間轟炸次數為最多。茲將其中較為嚴重的幾次，記錄于後：

四月四日霧季將過，敵機六、七十架于四日午襲渝市，燬房屋五十餘棟，死傷十餘人。我們渝市重慶新村廿一號住宅附近，亦落有炸彈，屋瓦皆飛，夜間落雨，屋漏不已。

五月九日中午，敵機八十架分三批襲渝市，在市郊

盲目投彈約三佰枚，死傷百餘人，炸燬房屋約三百棟。因此米價騰貴，每斗高至九十五元。

五月十日中午，敵機襲渝市，投彈百餘枚，被燬房屋百餘間，美國大使館附近落彈甚多，法國大使館亦落巨彈。

重慶大隧道慘案——六月五日，自下午六時半起至夜十一時半止，敵機分三批襲渝市，這是疲勞轟炸，也是本年第一次的夜襲。因一般市區同胞均白天疏散下鄉，傍晚回城，忽遇夜襲，所有防空洞避難人數都超出容量，大有人滿之患。因此較場口大隧道中通風發生障礙，人人向洞外逃走，致將洞門堵塞，洞內秩序大亂，慘遭窒息，死亡慘重，或謂有七、八千人，或謂逾萬，議論紛紛，傳說不一。據官方報告約在一千三百人（絕不止此數，恐說實數，影響人心）。如此慘案，竟然發生，誠屬黨國奇恥大辱，不但目不忍睹，心不忍想，即耳亦不忍聞。這些市民不死于敵彈，而死于防空洞之窒息，真正萬分慘痛，萬分冤枉。誰負其責，誰主其事，實有澈查嚴辦必要。所以蔣總司令手令組織審查委員會，以期查明真象，追究責任，又令組織防空委員會及防空洞改進委員會，亡羊補牢，未為之晚。吾以為行政院乃國家行政之總樞，實亦應負連帶之責任，以平生者之憤，而昭死者之冤。

六月十一日敵機七十架分三批襲渝市，丟下傳單，內多挑撥離間之詞，並說美國調停中日戰爭及承認蔣委員長一節，充分表現敵人弱點，無力解決中國戰爭，吾人只要能爭取時間，其最後勝利，必屬于我。

　　六月廿九日午，敵機六十架，分兩批襲渝市，英大使館全部炸燬，參事包克木等四人受傷，又市區某橋附近防空洞口，落一炸彈，死傷同胞一百餘人。

　　七月七日，余晨四時起身，五時進城，七時至國民政府參加中央總理紀念週，及七七抗戰四週年紀念典禮，由國府林主席領導行禮，蔣總裁訓話。余因天氣太熱，頭忽發暈，遂先離開會場。頃間發出空襲警報，有敵機二十餘架，分兩批竄入市空擾亂，余兩次皆在化龍橋農民銀行防空洞躲避，計七小時之久。我家住宅既于昨夜炸燬，余清晨離開曾家岩，房屋尚完整的。至晚間回來，蒙藏委員會會址亦被炸燬，且有死傷，人員尚未埋葬，觸目驚心。今夜食住均成問題，只得暫借蔣內政部長作賓家破客廳下榻（他家其他房屋亦多被炸），隨行者只有安副官金聲一人耳。

　　七月廿日，連日敵機疲勞空襲，重慶市區房屋大多炸燬，我家重慶新村廿一號住屋（係小樓房，右鄰係奉祠官孔德成先生，左鄰係王寵惠先生）迭遭敵機轟炸，已燬其大半，殘餘一半，也破爛不堪，非常危險，惟有另找其他住屋，談何容易，祇得冒險居住。孟子云：「知命者不立巖牆之下」，這是教人識時機知利害，但余不得已時，亦只有立于巖牆之下。同時天氣熱至一百〇七度，據重慶本地人云，為四十年來未有之奇熱，其飲食等事，固感困難，而營養更談不上，所以余身體日漸衰弱，簡直支持不住。

　　七月廿七、廿八兩日，清晨七時左右，即有警報，午後四時解除，每日有敵機分五批或六批來襲。每日疲

勞轟炸，須經過八小時之久，除渝市外，聞自流井、城都等城市，均被轟炸，城都昨日死傷一千餘人。

七月廿九日，今日敵機分七批在渝市附近縣市轟炸，至午後四時半解除警報，計達九小時，打破歷來警報紀錄。

七月卅日，今晨七時半發出警報，午後三時解除，計有敵機一百卅架，分數批轟炸渝市，損失甚大。

八月九日，敵機三次襲渝，夜一時半一次，清晨一次，中午一次，每次警報均在四小時之久，每次飛機約廿架不等，惟時間過長，大家疲于奔命，飲食成問題，尤以夜間不能睡眠，更為困苦。

八月十一日，自昨晨起至今晚止，在此卅六小時內，警報頻傳。昨晨七時許發警報，至十一時半解除，下午二時又發警報，四時許解除。五時許發警報，至夜一時許始解除。深夜四時又發警報，直至下午二時始解除，約休息半小時，又發警報，至五時許解除。旋于六時發警報，七時解除。我們住在鄉間，尚可于解除時稍稍休息，但在市區同胞，夜不得眠，晝不得食。

八月十二日夜一時起，敵機分三批襲渝市，至晨五時解除。余六時乘車進城，出席行政院會議，行至新橋遇警報，就近至實業銀行防空洞暫避。十時解除，十一時半又有警報，午後一時解除，三時十分警報，五時解除。

敵人近數日來，每次飛機來襲，多則廿餘架，少則數架不等，且次數多，時間長，擾亂不能辦公。

敵侵華四年，勞而無功，欲進不能，欲退不可，各

線戰事已成停頓狀態，祇得以少數飛機到處擾亂，維持侵華面子，其窮途暮日，于斯可見。

八月十四日上午十一時發出警報，旋有敵機九十餘架分批竄入市空，投彈轟炸，午後三時解除。

八月八日，昨晚進城，因敵機瘋狂轟炸，房屋炸燬太多，我的重慶兩路口住宅亦一再波及，無可再住，特借張公權兄公館暫住。上午八時出席行政院會議，九時半有警報，旋即散會。前、昨兩日重慶雖有警報，敵機未入市空，分在城都等地盲目擾亂。

八月廿二日，敵機八十餘架分批襲渝，計上午十一時發出警報，午後三時半解除，市外沙坪壩中央大學、重慶大學、南開中學，皆被轟炸。

戊、國內外戰事及日寇偷襲珍珠港

國際變化莫測，現在均以取巧欺騙為能事，都不想戰爭，但又不能不準備戰爭，都是想和平，而又無和平之決心。歸納言之，都想少用氣力，而甚至不用氣力，獲得大便宜。如此矛盾，如此自私，就是國際任何當局亦無法把握。茲將國內外戰事分析如下：

三月間我軍贛北大捷，敵進犯上高的陰謀完全粉碎，敵死傷逾二萬人。據俘擄供稱，敵師長大賀陣亡，與敵重大打擊，我軍士氣愈戰愈盛，戰術愈戰愈精，更可于此一役中窺見一般。

四月十三日蘇日簽訂中立協定，其第二條所載：「締約國之一方如成為一個或數個第三國行動之目標時，其他一方應保持中立，直至衝突終止時為止。」同

時發佈宣言，謂：「日本遵重蒙古人民共和國領土之完整與不可侵犯性。蘇聯遵重滿洲國領土完整與不可侵犯性。」此條約與宣言，影響于國際變化固巨，而關係中國更為嚴重。查東北各省及外蒙，為中華民國之一部，是無疑問的。今蘇、日此舉，妨害我主權，瓜分我領土，是而可忍，孰不可忍！我政府特鄭重聲明，蘇、日此項共同宣言，對我絕對無效。此約之成立，德、蘇關係，更亟速趨於惡化，日本可無後慮之憂，更可進一步侵略中國，美國在太平洋受日本之威脅亦日重。我們外交辦法太死，是無可諱言，現又加上經濟危機，與夫國共破裂，應付當然不易。

四月下旬，敵人在閩、浙沿海登陸，寧波、台洲陷落，溫州、福州均已危在旦夕，敵人此種行動，其目的不外加強封鎖，搶掠物資。以後我海上交通，益感困難。

五月上旬，敵人增加四個師團于北戰場，現在晉南激戰，垣曲以西豫、鄂方面亦展開血戰，浙東方面戰事亦烈。此乃蘇日協定後對我之新的全面攻勢，敵人在未實行南進及美日戰爭未發之先，當然對我積極侵略，所謂解決中國事件是也。

目前敵人唯一目的在掃蕩晉南，鞏固黃河以北，其他方面都是陽攻牽制，中條山為我北戰場唯一據點，敵曾先後進攻十五次，都為我軍擊敗。惟迭次攻晉，均無此次兵多，而交通亦無此次便利，我軍十幾萬大軍正在與之血戰。

自蘇日簽訂中立協定後，美國知道危機將至，羅斯

福總統宣佈美國決立即予中國以具體援助，並謂已核准若干現有之軍火轉讓中國，同時美海軍部長說美漸陷于被圍之境，陸軍部長說，準備在任何地區作戰。

美國務卿史汀生演說：美國今日已大受威脅，如何應付緊迫危機，必須以海軍及軍火赴援英國，則美國海洋才可安全。

美國參議員潑貝爾（政府黨領袖）主張以英、美海軍封鎖日本艦隊，供給中國長距離轟炸機，以美國志願空軍使東京成為廢墟，如今日中國各城鎮之狀況（就是被日軍破壞慘狀）。這是美國最露骨之反日運動，亦是世界大戰爆發以來美國參議院最強硬之反軸心（德、義、日）之建議。潑貝爾又說，美國倘仍持懦弱之政策，敵將不以美國為懼，而友邦亦不再尊重美國。時至今日，美國亟應對日本作若干直率表示，必要時或對日本實行若干直率行動云。

五月十二日，日外相松岡表示一旦美國參戰，日本為履行對德義條約義務起見，亦不得不參戰，這是日本針對日前美國務卿史汀生及參議員潑貝爾演說之回答。

英國準備取消在華治外法權，英駐華大使奉該國政府命令候遠東和平恢復時，願與中國商討取消治外法權（即領事裁判權），交還租界，並根據平等互惠原則修改條約云。查英國是最早侵略中國，自鴉片戰爭結果，佔我香港，陸續訂下種種不平等條約，迄今百年有餘。今英繼美國之後，表示取消此項不平等條約，這皆是我同胞五十年革命與夫四年抗戰大流血之收獲。凡事不怕失敗，只要本身能振作、能奮鬥、能犧牲，未有不可恢

復者。

六月下旬（廿四），德國對蘇聯宣戰，日本即于七月下旬全國大規模動員，聞不夠資格者亦應召入伍，已退伍之軍人亦再召入伍，關東軍積極加強，敵內閣發言人稱：無意予蘇聯任何特別保證，這是日本公開取消前與蘇聯所訂之中立協定條約，並表示即要北進，蘇聯對日本已立于屈服與戰爭邊緣。法國再對日本屈服，將越南南部一切海陸軍之根據地讓與日本，亦就是日本變象佔領越南全部。因此更接近南洋英、美、荷勢力範圍，新加坡、菲律濱群島、荷屬東印度均受最嚴重之威脅，英、美、荷感覺不安，且日本更進一步壓迫泰國，維護其經濟根據地。

日本的行動很難使人判斷，日本知道英、美、蘇不願與他作戰，他利用英、美、蘇此項弱點，積極準備可攻可守、可戰可和、可進可退、乘機發動之陣容，討好德、義，恫嚇英、美，威脅蘇聯，壓迫中國，俾好不戰爭得利益及解決中國事件之目的。日本心理亦是不願作戰，萬一要求不遂，認為機會成熟，必定發動對英、美或蘇聯戰爭，這都是日本面面俱到取巧之如意算盤。日本輿論，激烈反美，金融市場亦極紊亂，汽油僅敷半年之用，美若禁運，可制其死命。

八月一日，泰國受日本壓迫，承認滿洲國，並以壹仟萬元泰幣信用借款與日本正金銀行，將來日本即以此款購買泰國物資，這是日本對泰國經濟侵略將進一步要求泰國根據地，英、美太忽視，儘使泰國倒向日本懷抱裡，日本南進又更進一步，南太平洋全部受到威脅，緬

甸、馬來亞更危險。

英海陸軍增援新加坡，美艦抵澳大利亞，太平洋空氣日漸惡化，美國雖已禁運油類輸日本，尤其是飛機汽油絕對禁運，但並不能阻止敵人繼續南進或北進之野心。

八月初旬，英國外相艾登演說，警告暴日對泰國實施壓力，英、日間最嚴重形勢發生因而必難避免，同時美國務卿赫爾重申反對侵略，尤關切日本在泰國之任何策動。英、美照會泰國，拒絕日本利用泰國根據地，要求日本如向泰國進攻，則英、美即以軍需品供給泰國，這是英、美已初次露骨反對暴日南進，此等表示日本毫無畏懼，反而使日本看清英、美不願對日本作戰。總之泰國已成為太平洋上之火藥庫，隨時可以爆發。

英、美駐日大使對日本嚴重警告，太平洋發生戰爭，日應負責云云。日本新製地圖，竟包括太平洋許多島嶼。

八月十三日，為抗日四週年紀念。四年前今日，是上海繼蘆溝橋七七事變起而對日抗戰。查七月七日蘆溝橋中日兩軍衝突，係局部性質，八月十三日上海發動戰爭，乃真正中日兩國戰事開始。在此四年中，我同胞生命財產之犧牲，婦女被侮辱，不知凡幾，殊堪痛恨！現在我們戰事危險時期已經過去，國際形勢亦經大大好轉，自英、美、荷印一面對日經濟封鎖（如封存資金、禁運汽油等），一面佈置軍事，已成應戰姿勢，日如再進，必遭迎擊。蘇聯亦備戰，以防敵北進。益以敵人對華戰事無功，且陷于泥沼，皆予敵人以重大打擊。敵已

成四面楚歌之勢。敵人自知危險，雖不敢對英、美立即採取軍事行動，但其心理總想不戰而使英、美能承認其在亞洲霸權，尤其要求在中國開發資源，及承認滿洲獨立等等，如要求不遂，必定採取新攻勢。我們所顧慮者，現在英、美、蘇正在有事于歐洲大陸，美國準備未完之際，為和緩遠東妥協日本，很有可能。果爾，則所最受犧牲的，是中華民國。吾外交應多方運用，軍事應速求進展，預防此種不利的情勢之來臨。總而言之，國際愈有變化與我們愈有利，我們戰事必可樂觀。

最近三星期（八月間），美、日不斷談判和平。日本要求將星加坡、荷印、菲律濱、澳洲限制軍備，及幫同解決中國事件，美國要求日本將安南、泰國變成永久中立之瑞士。雙方相距甚遠，談判毫無結果。

英首相邱吉爾廣播演說，關于遠東方面，大意謂歐洲戰事打成一片，警告日本不能再事侵略，英、美遠東政策是併行作戰。美國亦表示將以武力打擊暴力。這都是英、美對日本談判和平無結果，對日本進一步威脅，促其離開軸心。日本已至嚴重階段，對英、美只有戰與和平兩路可循。

十月三日軍訊，我軍湘北會戰，全線大捷。此次戰果，敵師團長被我擊斃二名，敵遺屍三萬餘具，我俘敵官兵七百九十六名。敵人此次以十三萬精銳兵力及一部降落傘兵，用閃擊戰術，冒險猛犯長沙，經我將士數日喋血奮戰，使敵傷亡慘重，彈盡糧絕，全線崩潰，已于十月二日夜分三批北竄。這一個大勝仗，不但予敵人大打擊，而且對國際影響更大，尤其是中日戰局勝敗轉變

樞紐，我統帥部運籌決策與作戰將士英勇犧牲，誠堪感佩。敵人始則宣傳佔領長沙，繼則被我擊潰，反說目的已達，自動撤退，其無恥未有甚於此者。

十二月七日（星期日），倭軍偷襲珍珠港，我已在西北考查黨政，于八日午後抵玉門縣石油河之石油礦，晚間正與礦局同仁會談，忽得廣播，倭于昨日採不宣而先發制人之手段，發動太平洋戰爭，襲擊檀香山珍珠港，今日進攻香港，轟炸菲律賓、關島各地，侵入天津英界及上海公共租界，登陸馬來亞，並迫泰國簽訂協定，宣佈對英、美宣戰。美總統羅斯福下令海陸空軍總動員，英國、加拿大、澳大利亞、荷蘭、荷印及自由法國、海地共和國等紛紛宣佈對日宣戰，這是日寇自取滅亡之道。我們不但不致失敗，而且必定得到最後勝利。蓋日寇滅亡之理由：

1. 侵華四年無功，竟敢與英、美開戰，並須一面防俄，其力量不夠分配。
2. 以日寇三島小國，地小人少，物產缺乏，與中、美、英、蘇四個地大人多，物產豐富的國家為敵，是百分之百要失敗的。尤其犯了政略上的重大錯誤。
3. 軸心國之德、義、日各為其私。如德國向大陸的蘇俄作戰，而日本則向海王的英、美作戰，各行其是，犯戰略重大錯誤。
4. 倘日寇不向英、美宣戰，先與德國會師大陸，控制蘇俄，或德國不向蘇俄宣戰，與日本合攻英、美，會師印度洋。如此于攻略上或可小有幫助。

總之，就思想與主義言，軸心國應首先擊敗共產主

義蘇俄。

己、張溥泉堅決反共

民國卅年三月廿九日下午三時，本黨第五屆第八次全體會議第六次會議討論黨務，張溥泉（繼）先生發言：「共黨遍佈各機關，即總裁左右，恐亦難免，深為危懼」云云。蔣總裁起立，責溥泉言之過甚，並謂非共產者，如亦妄指為共黨，則將人人自危，殊為危險。又追述溥泉前在廣州與總理主張不洽，從中為之斡旋，更指溥泉，人家都說你有神經病，請你以後說話要謹慎。查上次在七中全會時，溥泉認為孫科（哲生）、馮玉祥（煥章）偏袒共黨，蔣總裁此次如不阻止溥泉發言，恐孫、馮更滋誤會。馮玉祥接著起立解釋，略謂過去雖曾與共黨略有往還，但事先都陳明總裁的，溥泉先生之誤會，正如民初罵我（馮）基督教不革命，及至檢查清宮，逐出溥儀後，溥泉先生大呼：「馮煥章你出來，我向你叩頭謝罪。」今日之事亦大致如此云云。六時半散會，晚間國府林主席在嘉陵賓館宴客，席間總裁蒞溥泉先生座，以杯酒為敬，並表示歉意，此事遂告結束。餐後，放映我入藏巡禮影片，當時林主席、蔣總裁以及出席此次全會各同志皆前往觀看，頗獲好評。

庚、回憶總理就任非常大總統

卅年五月五日上午八時，我到國民政府參加先總理孫先生在廣州任非常總統廿週年紀念典禮，由于右任先生報告革命政府成立之意義及其經過。余回憶當年陳炯

明反對先總理任總統，先總理問余意見為何？余答曰：
總統既已選出，惟有定期就任，不能有絲毫猶疑。如陳
炯明反對，余當率兵討伐。總理又問：洪兆麟等反對如
何？（洪係陳部主力將領）余答曰：我有辦法可以說
服。總理很高興。旋洪兆麟由汕頭來廣州，在洪未晤陳
之先，我已先與洪見面，經多方曉以大義及時局之利害
得失，洪表示贊成總理就總統職，並立即晉謁總理，表
明態度，然後再去見陳炯明。及至總理就任之日，全軍
將領受陳炯明控制，未敢表示，惟余首先通電擁護，各
將領隨後繼之響應。足見有志者事竟成，亦足見陳炯明
魔力之大。

辛、夢先太夫人

　　遠遊日久，思母情深，於農曆除夕前數日夜，曾夢
見白髮老母靜坐路傍。昨夜又夢見先慈病重臥床，暈絕
復蘇，坐起喝茶，狀極困苦。忽從夢中驚醒，心中非常
難過，輾轉不安。我離鄉四十載，老母墳墓迄未祭掃，
罪該萬死。回憶我甫成齡，竟遭嚴父逝世之憂，幸賴慈
母賢能，撫養我至七歲。尚記吾父生於道光廿八年正月
十七日寅時，終於光緒十一年三月初九日寅時；吾母生
於道光廿八年十一月廿三日丑時，終於光緒十六年三月
廿六日亥時。吾母棄養，屈指已五十週年，古語云：
「樹欲靜而風不寧，子欲養而親不在」，余未嘗一日盡
孝道，以慰母心，不孝之罪，萬不可赦。一俟時局稍
定，即當回鄉謁墓，並請惟仁夫人于每日念佛時，代我
向老母念阿彌陀佛三聲，本年春擇日遙祭。嗚呼！親恩

未報，反哺無從，人生憾事，孰有甚于此耶？太夫人生
我姐兄余等六人，當時治家教子，雙重負擔，其茹苦含
辛之悽慘情形，更難以形容。吾母因憂慮過度，而同時
又受他人閒氣，致體弱多病，先從兩耳不時失聽，最後
患傷寒不治，嗚呼痛哉！

壬、雜記

一、馴、申兩兒之外祖母羅太夫人逝世。得桂林來函，
　　羅太夫人係於本年舊曆三月十八日（陽曆四月十四
　　日）病故，當即電匯奠儀法幣五百元，以表敬意。
　　羅府近年家運欠佳，尤其無得力後人，余很想幫
　　忙，但無從下手，奈何。

二、表姪張國書（係余娘娘長孫）於去年與譚繼雅女士
　　結婚，一切甚為美滿，本年五月廿二日中午十二時
　　生一女孫（即農曆四月廿七日午時）。國書父去世
　　早，當時國書係遺腹子，出世後家境清貧，由中學
　　至大學之費用均余負擔。國書很有才能，惟身體較
　　弱，殊為可慮。

三、馴叔今年初中畢業，並得南開中學通知，馴叔初中
　　三年級畢業考試成績合格，又照章參加畢業會考亦
　　合格，因此可在母校南開繼續讀高中，合家歡喜，
　　所有親友亦歡喜。

四、文叔姪在重慶大學商學院畢業，今日出校回來，大
　　家都表示慶賀，並將於八月間入金城銀行服務。余
　　三哥僅此一子，由余負責讀書至大學畢業，余心更
　　以為慰。

五、玉珍、育陵兩妹本年在復旦大學畢業，這是魯書、
　　叔仁兩叔家中得到很大幫助。兩妹不僅品行端正，
　　尤能克苦耐勞，且為吳家女子中在大學畢業之嚆
　　矢，更值得慶賀。

六、為良叔改名光叔。據星相家李芋龕君云，良叔八
　　字為其兄弟中比較好點，惜火不足，故主張將良叔
　　改為光叔，光者大也，更取光明正大之意。查算八
　　字在科學昌明之際，可說是一種迷信，但相沿數千
　　年，依然存在，乃是由易經數理而來也。

1942 年（民國 31 年）　59 歲

引言

　　余每年均有日記，茲就三十一年原稿所記述者從中摘要及整理，彙成斯編，並以今夏赴陝、甘、寧、青、新五省考查為主，列在斯編之前，其他各項記述摘其次要者附後：

（一）中央十中全會一般情形

（二）經濟危機，物價逐漸高漲

（三）記新疆之重要性

（四）衛立煌免去本兼各職

（五）周昆田調任蒙藏委員會委員

（六）五十八歲知寒冷

（七）記夢

（八）老友蘇宗轍兄逝世

（九）老友王季文兄為匪綁擄

（十）老友陳鳴夏兄老來的苦境

（十一）蒙藏委員會第四期訓練班畢業

（十二）忠告奚東曙兄

（十三）行政院會議秘書長陳儀拍案

（十四）研究外蒙活佛哲布尊丹巴

（十五）辭蒙藏委員會委員長

（十六）老友楊滄白兄逝世

（十七）勸居院長覺生勿辭職

（十八）前交通部長張公權不平之談話

（十九）庸叔光叔母子等由港經桂來渝及余赴桂之經過

（二十）三十一年除夕之感想

民國卅一年夏赴陝甘寧青新日記
引言

余此次重赴西北，經歷陝、甘、寧、青四省，並一
蒞新疆，其行程係自三十一年八月十五日起，至同年九
月十四日止，費時適為一月耳。

8月12日　星期三

晨間得城會電話，蔣總裁約余本日午後四時赴黃山
公館見面。余遂於十一時進城，午後二時過江往黃山
（該山余初到重慶時亦曾居住，今已隔四年餘矣）準時
晉謁。總裁首先詢以西藏問題，余將近來所見所聞，詳
告之曰，西藏自拒測中印公路，阻擾驛運，擅設外務
局，毆辱漢人，種種非禮行為，視中央如敵對，不可以
理喻，斯皆因受敵偽之策動所致。蓋自緬甸失陷，敵偽
已可與藏方直接往返。前歲余自西藏返渝，曾迭次主
張，應付西藏，必先建設青、康兩省。時至今日，此事
尤不可或緩。目前應付西藏途徑，不外政教運用與軍事
部署，相輔並進。而在軍事方面，消極的應佈置一警戒
線，積極的應佈置一攻勢防禦線，以防藏局進一步惡
化。經談三十分鐘之久。總裁末云，日間擬赴西北，約
余同行，囑即準備。余請偕秘書一員隨行，經承允諾。
即辭出過江回城，當晚返鄉會料理一切。

8月13日　星期四

　　周秘書昆田去年隨余赴西北考察甘、寧、青黨政，熟悉該方情形，此次西北之行，決定約伊一同前往。

　　上午處理會務及準備行李，下午階昆田、小魯進城。

8月14日　星期五

　　侍從室陳組長來告，大約明日飛機可以起飛，囑余與昆田靜候消息，勿他往。

8月15日　星期六

　　上午九時到九龍坡飛機場，蔣總裁偕夫人於十時十分到機場，遂即上機，十時二十分向蘭州起飛。飛機計二架，余與總裁夫婦及賀主任貴嚴等乘第一架，其他隨員及昆田等乘第二架隨後飛行。午後一時三十分安抵蘭州，全體黨政軍高級人員均到機場歡迎。蔣夫婦住九間樓行館，余下榻勵志社，昨年來蘭之舊居也。此間天氣涼爽，頗覺舒適，市容與昨年冬相比，大有進步，尤以馬路放寬，為最難得。午後七時應谷主席宴，有陝西熊主席斌、胡總司令宗南等在座。晚間高監察使、谷主席先後來談。至十一時就寢，夜深氣候甚寒，須蓋棉被。

8月16日　星期日

　　上午十時二十分隨總裁遊覽興龍山，谷、熊兩主席、胡總司令及賀主任等同行。甘省府近在該山風景幽雅地點新建別墅一所，為招待總裁休息之用。昨年冬時，余曾因致祭成吉思汗來此，今則舊地重遊，尤為快

慰。午飯後登山遊覽，少作勾留，即回蘭垣。

馬軍長步青、馬主席步芳昆仲，本日由青海抵蘭州，即與晤談。晚間甘省府歡宴馬氏昆仲，余等數人作陪。

8月17日　星期一

上午九時參加擴大紀念週，到黨政軍各界人士一千五百餘人，蔣總裁主席，其訓話大意，首述現在西北與六年前來此所見者相比，已大有進步。次謂西北工作人員，應具漢唐時代開通西域之精神，勿畏交通困難，勿慮機器缺乏，並須擬定三年五年之工作計劃，而切實執行，以期有成。最後指示：

（甲）西北之政治方面，應注重保護舊有事物，如森林、牲畜、寺廟、渠塘等。

（乙）西北之建設方面，應努力造林開渠，獎勵畜牧墾植，及其他如實行新縣制、發展交通與振興工業等。

（丙）西北之軍事方面，軍人應備古人開疆拓土之精神，並隨時隨地協助黨政當局，從事各項建設，致力墾植云云。

歷一時半詞畢禮成。

午前陝西熊主席來訪，與之暢談一般軍政近況，並留午餐。午後六時應蔡市長晚餐，在座除熊主席外，尚有內政、教育、交通、審計，張、顧、徐、劉四次長。

總裁今日移住興龍山，余與賀主任等仍居勵志社。

8月18日　星期二

今日乃余任蒙藏委員會六週年之日，在此六年之中，抗戰時間則佔五年。任職以來，自問對邊事雖無特別建樹，但大致平安，亦屬萬幸。今後邊事重要，惟有小心謹慎，本良心做去。

分別回拜軍政當局及士紳。

8月19日　星期三

晨六時半起至午十二時半止，其間經六小時之久，接連延見賓客，深覺疲勞。雖然見客會友，可以靈通消息，所以清末服官，視會客為一件重要課程，但亦最辛苦最傷腦筋之事也。

8月20日　星期四

正午十二時，省參議會張議長鴻汀及士紳二十餘人等約赴午餐。午後二時半，總裁邀往興龍山。四時十分抵山，先在山上客廳稍憩。余乃請總裁與夫人謁陵，夫人問曰，余亦可往耶？余答曰，當然可往。查蒙俗成陵禁女子入內，今蔣夫人之往謁，實為特例。總裁抵陵前參拜既畢，夫人亦行以三鞠躬禮，全體守陵人員站班答謝，執禮甚恭。余遂略予訓示。既而余謂總裁曰，古今兩大英雄同到名山，應該有所紀念。總裁即曰，成陵可永遠留此，並當另建靈堂焉。五時，總裁招待守陵人員茶會，余一一予以介紹，總裁作簡短訓話，並賞錢若干，又分贈茶磚等禮品，諸守陵人員同感榮幸萬分。會散，隨總裁至其居邸談話，朱長官一民亦在一旁。余

主張建設甘肅，首須減輕人民負擔，而由中央另撥專
款，以資進行。至移民實邊，又應保護固有居民，勿令
流亡。西北幅圓廣大，而交通不便，故在軍事上須以訓
練騎兵為主，西北氣候嚴寒，士兵之服裝，又非皮不暖
也。總裁殊為首肯，立即面令朱長官速練馬隊一軍，以
實邊圉。須臾，朱長官報告曰，新疆既已擁護中央，奈
其力量尚不充分，中央須出兵協助。余即曰，由青海派
一部分軍隊赴南疆可也。總裁曰可。朱長官則曰，以現
在情形言，青海軍之開往新省，恐於新疆不便。余乃
曰，派少數青軍前往可乎？眾均無言，余亦默然。最後
余將親筆所書目前籌邊之六項原則，面呈總裁參考，原
則如後：

一、建設甘肅

二、穩定寧青

三、鞏固西康

四、調整新疆

五、控制西藏

六、溝通外蒙

　　蔣夫人於遊山時，忽詢余有意往新疆一行否？余曰
如有機會，願往一遊。蔣夫人又告以渠擬往新疆，問余
可否同往？余答曰可。

　　六時半偕朱長官一民、賀主任貴嚴、谷主席紀常等
回城，即至一民家晚餐，並聽一民兄報告最近新疆情形
（朱新由新疆回來）。據云盛主席世才確是誠意擁護中
央。余深為欣慰。惟新省外交、軍事、政治，較為複
雜，務須細心研究，妥為處理，方可期成。

8月21日　星期五

上午拜客。午後為避免見客煩擾，特至高監察使處休息。晚間先後應鄭教育廳長西谷、何公路局長競武晚餐。餐後聽公路局職員所組織之國劇團表演京劇，團員演技多屬優秀，頗博贊許。

8月22日　星期六

午時，約胡政之、高一涵兩先生午飯。胡為國內名記者，主辦大公報，聲望素隆，相與暢談國際形勢及邊事興革。

據胡謂，日本軍紀太壞，立於必敗之地。又謂中國幅圓廣大，社會複雜，上下千古文化，同時並存，所有新舊文化，亦應同時並用，如一面利用飛機，一面仍不宜舍棄馱運，即其顯例。現在吾人固須提倡近代科學，以求進步，但對邊地仍須尊重宗教，俾輔治理云云。立論中肯，切合我心。

8月23日　星期日

清晨，遠征軍第一路司令長官羅卓英君來訪。遠征軍在緬甸作戰後，退駐印度，現正補充訓練中。羅君精明強幹，為現代不可多得之將才。渠因統軍駐戍印度，鄰近西藏，特以藏中情形見詢，並謂必要時或將移師藏邊焉。余與羅君在蘭事冗，不遑細談，故特電李參事芋龕，俟羅到渝，予以招待，並約本會蒙藏等處處長，可與羅詳細研究。

午前十一時訪朱司令長官，再詢新疆情形，朱即將

經過情形詳為說明。余乃主張應竭力幫助盛主席，使新
疆局面安定，免中央西顧之憂。

8月24日　星期一　處暑

　　上午十一時參加省黨部紀念週，蔣總裁訓話，其大
意：首言到此旬日，觀察甘肅各項事業，均有進步，深
為滿意。次言西藏、新疆、蒙古，有關國防，而甘肅南
臨西藏，西接新疆，北連蒙古，地位重要，應積極建
設，使成為模範省，惟人口稀少，移民又非咄吒可辦，
目前惟有使現有人民身體強健，減少兒童死亡率，夫欲
達此目的，端賴衛生，而衛生之道，則在教育。末言造
林為西北建設重要工作，亦建國基本事業，欲求造林之
推廣，亦非有賴於教育不可。訓詞經一小時完畢。

　　午後零時三十分總裁約午飯，到朱一民、梁寒操、
吳澤湘、賀貴嚴、羅卓英等數人。總裁即席宣告，蔣夫
人、朱、梁、吳及余赴新疆一行，梁赴新疆辦黨務，吳
任外交特派員，朱將於新疆住相當時間，以便襄助盛督
辦，余與蔣夫人短期即回。夫余素有一遊新疆之志願，
今果實現，實堪欣喜，亦因緣之湊合使然也。

8月25日　星期二

　　本定今日飛青海，因氣候不佳，改期啟程。午時西
北公路何局長競武約餐聚，夜應朱長官一民晚餐。

8月26日　星期三

　　今日天氣清朗，午後一時十分總裁到臨機場，即登

機，向青海起飛。余與谷主席正倫、羅長官卓英、賀主
任貴嚴、馬軍長鴻賓、毛總指揮邦初等同機隨行。周秘
書等另乘一機在後。午後二時飛抵西寧上空，續向南
飛，繞海（即青海）一週。余久聞此海之名，今果目
睹，又值天候清和，碧波青天，氣象萬千，倍感悅目。
三時十分飛回西寧機場降落，馬主席步芳率全體文武高
級官員熱烈歡迎。總裁略事休息，即行閱兵，實到官兵
一萬二千八百餘人，浩浩大軍，費時僅二十分鐘，閱兵
式之佈置，即告完成，其行動之迅速，殊出人意料之
外。閱兵完成，總裁訓話，彼對各官兵整齊嚴肅，動作
切實敏捷，深為滿意，甚信如非平時訓教，曷克臻此！
詞畢，驅車入城，總裁居省府辦公室，餘眾分住各廳
處，余則住教育廳。各地佈置與招待，均極周妥，同人
無不欣佩，總裁亦多嘉許。

　　總裁方抵蘭州，曾面告馬主席步芳，毋因總裁之到
西寧，而過事鋪張，一切務須保持平常狀態。故今日余
等來此，僅見馬主席偕文武高級官員蒞迎，沿途街衢打
掃潔淨，家家門首置花一盆，以資點綴。方今青海花
季，盆花爭妍，甚為醒目，亦國內各城市之所僅見，省
垣各學校、各團體與民眾等，咸作息如常，俾副總裁本
意，獨此滿街盆花，搖曳風中，以示歡迎之意歟！

　　晚間谷主席正倫來談，谷對西寧觀感，亦頗表欽
仰。渠曰青海省府佈置井然，即其最小之處所，亦必十
分整潔，不染一塵，他如省府所植花木之茂盛，勤務服
飾之整齊，與工作之確實，即此數端，事雖不大，我甘
省府亦未辦到，不勝汗顏云。

8月27日　星期四

上午九時隨總裁謁青海馬前主席閣臣墓。旋即同往視察廣濟橋工程及第四林場。十時總裁召集黨政軍人員訓話，十一時復召集蒙藏王公活佛千百戶及回教教長阿訇暨地方士紳八百餘人訓話，王公活佛千百戶則獻母馬五百匹，總裁賞國幣五十萬元，余乃與馬主席分別介紹該王公活佛千百戶及回教各領袖晉謁總裁，禮節隆重，並攝影數幀，以留紀念。

午後二時，蔣夫人飛抵西寧，馬主席步芳、馬軍長步青暨高級軍官數人均往機場歡迎。惟馬氏昆仲與蔣夫人尚屬初見，故余亦往機場，俾便介紹。馬等歡迎夫人禮節之隆重，較諸歡迎總裁，不稍差異。夫人既下機，余即介紹與馬等見面，馬等以三鞠躬為禮，夫人則囑余代向馬氏昆仲暨各軍官略致謝詞，賓主同覺非常愉快。

午後三時隨總裁赴塔爾寺，該寺全體僧眾在寺外熱烈歡迎，總裁即往拜宗喀巴大師塔，並遊覽附近名勝，旋在野外帳幕休息。此為蒙藏最大禮節，總裁佈施十萬元，六時回至西寧。

初秋之西北，天氣溫和，令人身心舒適，以視昨年來時，適逢嚴冬，誠不可同日而語也。

8月28日

上午事畢，於十一時隨總裁至飛機場，馬主席率青海黨政軍人員蒞場送行。十一時四十分飛機於軍樂悠揚聲中起飛，越過祁連山，於下午二時許抵嘉峪關降落，宿軍委會戰地服務團招待所，環境曠朗，佈置整飭。余

因連日在青奔走疲勞，即留招待所休息。總裁等則赴酒泉視察。據聞總裁既抵酒泉，目擊該處之專員公署與縣政府紊亂不修，頗為震怒，立予訓斥，並面飭谷主席即刻將該專員與縣長一併撤換，以圖改善，復詢谷曰為何青海能如此整潔，而斯地一反？

晚與一民兄同房，因明日將同赴新疆，故與之談至深夜，對新疆一般問題及盛督辦來甘謁見總裁問題，均提出研究。一民兄與盛督辦素有往還，甚盼此行能有所成就也。

8月29日

「阿爾泰山雲在望，只知建國不知難」，為余去冬來西北所寫之詩句，係對新疆山川表示其憧憬嚮往之忱，不意事隔數月，即有新疆之行，何幸如之！

上午十時半隨蔣夫人赴飛機場，總裁親往送行，旋即起飛。同行者除蔣夫人、朱長官外，當有吳特派員澤湘、梁副部長寒操、周秘書昆田諸氏，機飛甚穩，不覺身在旅途之中。下午一時許過吐魯番，越天山，不瞬間，迪化已昭然在望。二時四十分機身降落，盛督辦世才及其夫人邱毓瑛女士率軍政暨各界人士蒞場歡迎，軍樂悠揚，儀式甚為隆重。蔣夫人及余等下機後，由朱長官介紹與盛督辦等一一見面。攝影後，遂分別乘車前往行館，沿途步騎羅列，警衛森嚴。余及朱長官等住督辦公署之東花園，蔣夫人則住於西樓，佈置均極整飭。晚七時，蔣夫人來余居處少視，余等甚感之。

迪化時間與隴蜀相差一小時，氣候與蘭州相彷彿。

用餐後，大食其哈密瓜與吐魯番葡萄，葡萄中無種子，味甘汁富，洵佳品也。

8月30日

早起在花園中閒步，頗為清快。朱長官見告，盛督辦約余十時談話，並謂可泛論一般問題，不必談具體辦法。屆時前往，即照朱所囑與之泛論一般問題，間及哲學問題。余首曰：「余對邊疆各軍政當局及政教領袖，惟一本中央立場（服膺主義擁護領袖），為邊疆各省區謀有利無害之事宜，最好能行中央與地方兩利主義，否則亦必於地方無害。不論事之辦理或好或壞，均不為地方增麻煩，此余治邊之一貫政策也。」余談話時間甚長，但歸納言之，可分三個原則：

一、盛督辦苦撐十年維持新疆這塊領土，功在國家，中央絕對信任盛督辦。

二、新疆責任仍請盛督辦繼續負之。

三、盛督辦若需中央幫忙，中央在可能範圍內，一定照辦。

余並曰：「余此數語，乃代表中央、代表蔣委員長，最負責任之語，今日作此言，將來亦必作此言。」盛督辦談話亦甚多，對余之誠摯豪爽，極為滿意，表示絕對服從中央，擁護領袖，並請轉陳總裁，速即移民新疆，否則將來困難仍多。

盛曰：吳先生，汝說話最爽直，最開誠，我最佩服，誠望先生能長住新省，有以教我。

余曰：此次係為陪從蔣夫人而來，故亦須陪從而

返，恕不從君命。

盛曰：既如此，以後請常來，至時當請先生至新
疆、蒙古各盟旂以及南疆各地一觀。

余曰：有必要時，當再來。

談話時間歷時一小時三十分始畢。

為何要與盛談這三個原則，因為中央軍隊正由河西
向西開進，蘇聯紅軍仍佔據哈密各地，吾人必須建立中
央與盛世才互信，俾盛安心驅逐蘇聯在新疆勢力。

午餐後，偕周秘書昆田至城北溫泉入浴，由盛局長
世英嚮導乘車往。泉距城約十華里，水不熱，須加燒後
始可浴，設備亦陋，但硫磺質重，滑潤異常。浴後，驅
車繞道西門南門入城，城垣不高，但為眾山所懷抱，
亦甚險要。市廛湫隘，多待整理，人民則蒙、藏、回各
族俱有，服裝各異，維吾兒人裝束酷似印度人，尤為奇
特，通常稱新疆有十四種民族，遊行街市，如入民族博
覽會，洵然！回至行館，已午後四時許，悉盛督辦晚間
在西樓公宴。旋朱長官來密談，謂盛允隨蔣夫人飛甘肅
謁總裁，渠（朱）亦同往，但迪化無人坐鎮，恐有他
變，囑余暫留，俟盛歸來再返。余以此乃國家大事，慨
然許之，惟余在新情形生疏，因請其介紹盛之重要人員
與余接頭，俾萬一有事時，得所洽詢。晚七時許，與同
行諸人至西樓應宴，盛督辦偕其夫人親臨招待，其重要
軍官亦被邀作陪，共計到三十餘人，分四席，濟濟蹌
蹌，極一時之盛。席間，首由盛督辦致歡迎詞，並祝抗
戰勝利，蔣委員長健康，其他軍官繼之，情緒極為熱
烈。嗣蔣夫人、朱長官及余先後起立答謝，最後蔣夫人

作簡短演說，申述代表總裁來新慰勞及全國上下休戚相
關之意，措辭尤屬得體。在此宴會時間中，蔣夫人見
告，朱長官原擬偕盛等秘密飛甘而留余在此。蔣夫人並
迭問余，汝留此，如有事，如何？余答曰，此舉關係新
疆全局，乃國家大事，雖犧牲亦所不辭。散席後，朱長
官、盛督辦及余隨蔣夫人登樓，商討明日飛甘問題。余
宣布明日盛督辦飛甘，余留新，但希介紹軍政重要人員
與余接頭云云。盛督辦繼即發言謂，新疆將領會議，咸
主張朱長官留此。朱長官比謂，諸將領既如此主張，我
當不去，請即囑諸將領上樓與之一談。少頃，諸將領俱
到，盛督辦即謂，明日我飛甘，朱長官留此，朱長官可
完全代表本人，有事須服從其指揮云云。朱長官旋亦向
其宣稱，如有事，請大家接受我之指揮云云。言下甚似
嚴重。計既定，盛遂去，蔣夫人亦就寢。不一刻，蔣夫
人復召朱長官入談，謂汝留此，如有事變，奈何？朱答
曰全恃夫人。蔣夫人曰，自然如此，盛又何必飛甘！朱
出，因再會商，決定盛不去甘，復請盛來告之，盛亦表
贊同，惟請夫人多留一日，暢談一切。於是朱長官又請
夫人出作最後決定，許之，遂散歸就寢，時已夜一時許
矣。夫盛督辦以一身繫全疆之安危，十年來之支持，殊
不易易。此次有無與總裁晤面必要，應事先考慮清楚，
決定後即不宜變更，所謂謀而後動者也。乃今日舉棋不
定，忽去忽不去，甚至於蔣夫人就寢以後，呼出論事，
似覺不妥。如以此時間商談其他重要問題，當另有所收
獲，今竟消耗於無用之地，殊屬可惜！

8月31日

原擬本日再留新一日，明日逕飛武威，嗣以總裁來電，囑夫人今日先抵嘉峪關，明日飛武威，即轉寧夏，因決定午後二時起飛。總裁來電末並有禮卿委員長老成持重，如與晉庸兄多談，必有裨益也等語。惜時間上已不允許矣。午餐後，隨蔣夫人蒞飛機場，送行儀式之隆重，一如來時，惟盛督辦未親往。蓋盛平日以環境複雜，深居簡出，未嘗親至機場及車站，前日歡迎蔣夫人，則為空前之事也。梁副部長寒操及吳特派員澤湘以有任務留新，朱長官仍照在蘭州時之計劃留新，作短時間之襄贊。二時起飛，向東前進。蔣夫人於機中閒談故事，厥狀甚樂。歷四小時抵嘉峪關，因時差一小時，關上已屆七時，沙漠黃昏，又別饒風趣。晚仍宿招待所，甚為恬靜。

茲記新疆現局之透視如左：

此次新疆事態之轉變，實肇因於盛督辦四弟世麒之被刺。世麒為盛警衛旅長，勇敢善戰，共黨欲圖盛而畏之。世麒之妻為共黨，乃嗾使殺之。事出，其妻詭稱為其五歲幼子玩弄手槍，誤扳機括所致。但所用手槍為左輪，機括堅韌，絕非五歲幼兒所能動。盛遂逮捕世麒之妻鞫之，因盡吐謀殺之實，並供出同謀之人。盛除下令逮捕首要人犯外，並以此事既係共黨所為，與蘇聯在新服務人員有關，因電蘇請派員會審。詎蘇復電拒絕，並歷斥盛過去在中蘇之間種種反覆及陰謀，同時又將此電抄送中央。從此，盛遂與蘇聯及共黨正式決裂，復賡續

逮捕軍政中下級幹部之共黨份子，其上級者亦予褫職，
並停止其活動。蘇聯與共黨之束縛既除，盛乃得恢復本
來面目，傾誠中央，因有蔣夫人及余等此次新疆之行。
夫新疆居於國之西北，以阿爾泰山為與蘇聯之天然界
限，在國防上關係重要，清代收隸版圖，建為行省，不
能不佩服其規劃之宏，眼光之遠。乃自民國以來，新疆
遠處塞外，紛亂迭乘，回漢仇殺之慘，亙古未有，而強
鄰環伺，無不欲大啟封疆，新疆局勢，殊屬危殆。幸得
盛督辦主持其間，以維持我中華領土之完整，雖其間亦
多可以非議之處，然其苦心孤詣堅貞卓絕之精神，亦值
得吾人原諒而稱讚者。此番事實之表現，即可為其心跡
作一證明。若此數年中，無盛督辦此人鎮攝新疆，則新
疆現在是否仍為我國領土，恐亦成疑問也。新疆局勢發
展至目前階段，處理之道應對蘇聯外交先作一度折衝，
使蘇聯瞭然於還政中央對蘇無害，放棄對新經營，對盛
挾持。再則迅速充實河西軍事力量，俾必要時有所支
援。至於將來建設新疆之根本辦法，則唯有大量移民一
途耳！

9月1日

上午十時半再上飛機，繼續東航。十二時一刻到武
威，總裁親來迎接夫人，下機後同至武威北門外之平苑
小憩，並進午餐。苑為馬步青氏所建，花木繁茂，一水
中流，幽靜特甚。二時許至飛機場，擬隨總裁即飛寧
夏，乃以載重過量，遂與賀主任、谷主席等暫留，候機
回接。時間尚早，因再回平苑，復與何專員、韓師長等

往遊馬步青氏所建之中正紀念樓，園廣樓高，不禁欽佩
馬氏氣魄之偉大。嗣往觀六朝鐘，車出北門而返。晚餐
後，機亦飛回，遂再上機，時已七時以後，天地昏黑，
盲目在空中飛行，又另具一番意趣。迄八時半到寧夏，
仍下榻南門外謝家寨，蓋去冬舊遊處也。傅主席宜生等
亦來此，相見甚歡，隨即謁見總裁報告此次赴新情形及
觀察所得，並說明與盛世才所談三個原則及其理由。總
裁云，以後對新疆，即照你的意思去辦。

9月2日

　　晨與賀主任貴嚴往訪傅主席宜生。午餐前隨總裁在
省政府小憩，宜生、卓英諸兄亦在座，因談及國防問
題，余謂我國國防，西南應掌握喜馬拉雅山，西北應掌
握阿爾泰山，有此兩山，然後金湯始固，並歷舉前代事
實為證，總裁頗示首肯。繼余又謂，邊疆問題，現須從
研究入手，惟材料方面頗感缺乏，清代理藩院時代之材
料已不可得，即過去蒙藏委員會所收之材料亦遭損失。
本會現經指定人員專事搜集材料與研究工作，由研究結
果，然後擬具辦法，漸次求其實現云云。總裁亦深然
之，並允以新疆省誌一部見贈。嗣傅主席談及伊克昭盟
問題，總裁諭余即擬具計劃。午餐後，總裁召集軍事會
報，余未參加。晚餐後，偕周秘書昆田往訪傅主席，商
談蒙旂問題，最後決定指導長官公署增一副長官，由傅
負責，或將現在副長官朱蘭蓀調任本會委員，而以傅繼
之，並將伊盟保安副司令長官馬秉仁易為陳長捷，以資
調整。歸來，適總裁召見，因報告及之。決定明晨七時

乘第一班機飛蘭州，總裁則乘第二班機啟行。

9月3日

晨以飛機誤時，未起程。至十二時飛機始到，乃改
由總裁先行，臨時宣布逕飛西安。余與谷主席等因機不
及飛返，仍留寧夏。晚間省府演劇歡迎，偕谷主席等往
觀，劇為秦腔，演史可法全本，頗為精采。劇完回行
館，已逾夜半矣。

9月4日

候機不來，甚為著急。下午五時許，聞有自蘭州起
飛訊，甚喜！迄晚七時機到，云本飛來兩架，擬一架逕
飛西安，一架飛回重慶，乃行至中途，天氣欠佳，擬飛
西安之一架，飛回成都，故僅到一架，係明日飛重慶
者。因此明晨余仍不克起程，須繼續等待。本晚省府公
宴綏西抗戰將領及余等，余等以飛機事稽遲未往。

9月5日

晨七時飛往重慶之飛機起飛，谷主席乘便回蘭，余
仍暫留。上午無事，與子寅、少雲兄弟長談。十一時許
得飛機來寧訊，因即整裝出發，子寅、少雲暨各廳委、
各高級軍官均蒞機場送行。十二時機到，旋即起飛，
因西安較近戰區，乃逕飛寶雞。午後二時一刻到達，由
駐軍派汽車接送火車站，四時半火車開行，十時半抵西
安，熊主席及陸福田兄等並率軍樂隊蒞站迎接，隨即乘
汽車至黃埔村行館。村在西安城南五十華里之地，居終

南山北麓十餘里，長木夾道，公路寬平，夜行其間，頗為愉快。十一時許至黃埔村，晤及賀主任貴嚴兄，知余係派住中宮祠周嘉彬師長公館，蓋即文白先生之婿家也。文白先生已於前三日偕其夫人到此，聞余將來，故喜而約余同住。余比即前往，到則人盡入睡，遂囑役勿驚主人，因草草就寢，時已十二時半矣。

9 月 6 日

晨起與主人及文白先生夫婦暨其女公子晤面，甚為忻喜，總裁來西安任務，係召開第一、二、五、八，四戰區之軍事會議，余以文官身份，未參加。但到會各重要將領，如李德鄰、蔣銘三、湯恩伯、胡宗南、李鶴齡、張伯璇諸氏，均經暢晤。會於上午十時開幕，由總裁訓話，嗣聞文白先生談，訓話大意謂，二十四年來西北時，見西北資源豐富，足為抗戰基礎，因決定抗戰國策。此次再來西北，尤感覺其幅圓廣大，蘊藏富饒。即以新疆一省而論，其面積相當於浙江十五倍，各項礦產都有，更可為建國之基礎，再抗戰十年、二十年，亦無問題。又謂，將來吾人應放大眼光，以玉門為大門，新疆為操場，山海關為後門，東三省為後花園，東南為尾閭云云。此誠總裁此次前來西北之偉大認識也。憶余前在寧夏與總裁談話，曾謂應掌握阿爾泰山及喜馬拉雅山，以固國防，以今日總裁之言言之，則此兩山視作守門之獅子可耳！邊疆問題為目前朝野共同注意之事，但究應如何推進，鮮能言得其要也。

9月7日

　　二十五年春，余由貴州偕周秘書昆田返京，取道西安，曾歷覽周、秦、漢陵及大小雁塔、碑林等古蹟，並至華清池入浴，原擬一登終南山，以暢遊襟，乃因車路未通而罷。此次住鄰終南，而又有汽車可達，當不能再失之交臂。爰於上午九時，偕昆田乘汽車往遊。車行約廿分鐘至山下彌陀寺而止，改乘滑竿登山，行行重行行，感官漸與塵世隔絕，精神大為鬆快。沿途翠柏蒼松，翳蔽天日，粗可數圍之古樹，觸目皆是，輿人指認古娑邏寶樹數株，尤為少見。因須爭取時間，途中遂少勾留，經三小時而達大台，蓋終南山有五台，大台其最高者也。台上住有軍隊一排，由其排長孫君出為招待，入廟客房休息，軒窗淨几，堪以怡情。客房面對西北，平疇沃野，在眼底展開，左右峰巒，秀潔可愛，沉默者久之。少頃，寺僧進茶，乃出所攜麵包，煎食之，佐以鹹鴨蛋，頗足飽腹。休息至午後二時，乃參觀廟宇佛像及僧房，旋由孫排長導引往觀山後之茅蓬，云為高僧修持處也。茅蓬建於山坳中，後倚高山，狀如坐椅，前對秦嶺，有似圍屏，誠一絕好習靜之所。蓬內住有僧人六七，皆屬苦修之士，有一法號公明者，讀法華經，一字一拜，二年餘如一日，尤見堅毅。聞距此不遠，尚有韓湘子學道處，及其他茅蓬數所，以時間不足，未及往。旋乘滑竿尋舊道下山，路過石佛寺稍憩，寺供石佛一尊，屋宇高敞，內有老者一人，年七十一，精神頗健，談吐不俗，心竊慕之。參觀後再行至勝寶泉寺，又憩焉。寺始於唐代，歷代均有燬建，現存者乃清末及民

國時物也。寺住僧一，年六十九，於民國八年因家庭問
題而出家，乃失意中求解脫者。進茶後下山，抵彌陀
寺，已午後四時半矣。汽車不一刻來接，回至周公館，
接得通知，知總裁午後四時閱兵，囑往陪閱，但時間已
過，只得不去。

　　茲將今日所作遊終南山一詩，及上月二十九日所作
嘉峪關飛迪化一詩，併錄如左：

遊終南山

名山勝蹟久思遊，古木參天曲澗流；

秦嶺終南相映照，老僧拜佛自悠悠。

嘉峪關飛迪化

朝辭嘉峪西飛去，阿爾崑崙萬里長；

大地資源須墾發，青天白日遍新疆。

9月8日

　　昨晚蔣緯國、戴安國兩姪來長談，緯國現任連長，
謂睡眠與飲食俱感不足，情形至為苦楚。緯國係總裁之
子，為為他人表率計，刻苦耐勞，當更超人一等。總裁
欲使緯國自痛苦處磨練起，當至妥善。惟時間過久，甚
至損害其健康，亦可不必，得便當向總裁為之一言也。

　　今晨早起大雨，用餐後與湯恩伯先生閒談，渠頗有
致力邊疆之意。日前余晤及德鄰兄，德鄰兄亦有已倦於
東南願往西北之語，可見一般人現對邊事之注意。夫邊
疆問題之解決，必須求助於軍事，如國內將領俱有此項

意願，則開疆拓土，奠定國防大計，庶乎有望！

大雨迄晚未停。

9月9日

西安軍事會議原擬本日閉幕，以報告較多，尚須延長一日。陰雨無事，偶憶及朋友相處之道，孔子謂：「事君數，斯辱矣！朋友數，斯疏矣！」此蓋言相處須避免繁瑣。又謂：「晏平仲善與人交，久而敬之。」此蓋以敬字為保持友誼之最妙法術。此外，古語有君子不盡人之歡，不竭人之忠。蓋欲一切須留有餘地步也。近人多不解此意，朝作良友，夕為仇讎，固事之當然者耳！

9月10日

夜夢與左宗棠先生同遊，時似拂曉，途中景象優美，如行畫中。不久及一河，上有大橋，橋頭有高屋一座，忽見數人張宮燈一對，持刀杖，挾一犯人，將行刑，犯人大呼，余正欲發問，忽驚醒，所見情節歷歷在目，左宗棠似猶在余側也。左為收新疆為國土之第一人，功績彪炳，素所景仰。年來新疆形勢特殊，欲繼左氏之後而挽回河山，亦為余之心願。此番左氏入夢，究係余思想之幻影乎？抑係左氏有靈而於夢中給予以啟示乎？則均未可知也。

本日西安會議閉幕，總裁訓話，茲錄其要點於後：

甲、目前部隊中之缺點：

（1）賭博

（2）走私

（3）販煙、運煙

（4）擾民

（5）經營商業

（6）下級參加幫會，有被奸黨利用之虞

（7）接收壯丁時接兵官之種種舞弊

（8）長官與下級不接近

（9）命令隨便下，不研究執行辦法

（10）眷屬隨軍之惡影響

（11）謊報軍情，欺騙上級

　　凡此十一項缺點，總括之，則由於浪費、懶慢、虛偽之三項習性所造成；糾正之道，則應以儉克制浪費，以勤克制懶慢，以實克制虛偽。

乙、敵人具有之優點：

（1）節儉

（2）切合實際

（3）下級幹部教育完備

（4）澈底執行命令

（5）各部隊協同一致

（6）立於主動地位

　　至其缺點則在於防區太廣，兵力單薄。

丙、將來的幾個原則：

（1）不收編偽軍，如有反正者，即留置敵後

（2）不減發游擊隊經費

（3）各長官不可阻礙部屬至中央受訓

（4）戰術思想須統一，應切合典範令

丁、長官部將來應設機關：

（1）調查糧食機關

（2）安頓家族機關

（3）提倡生產機關

戊、將來縣長考績標準：

（1）軍糧成績佔百分之三十五

（2）兵役佔百分之三十五

（3）其他佔百分之三十

己、士兵衛生問題應注意者：

（1）營養

（2）食水

（3）娛樂

（4）休息

　　其外，關於騎兵訓練，應規定區域，以接近產馬之地為妥。

　　此等指示，誠十分詳盡也。

　　晚間，緯國、安國兩侄同來進餐，並暢談。緯國

笑謂余曰，吳伯伯，今晚余大開葷矣。余不禁莞爾。緯
國在軍隊中，與士兵同樣生活。渠自幼時起，常與余往
來，余深知其能刻苦耐勞，溫文有禮，將來甚有希望也。

9月11日

　　清晨回看李長官德鄰、蔣長官鼎文及胡宗南、李品
仙、孫連仲三總司令。孫於青海改省時，任第一任主
席，曾在西北駐軍甚久，對於西北情形十分認識，仍有
重回西北服務之志願。

9月12日

　　午十二時半，總裁約余暨文白、嘉彬便餐，餐後閒
談中，余所述及者，大概有下列數事：
（一）駐於豫、陝、甘將領，知邊疆民族複雜，應使
　　　之明瞭政治及宗教上之運用。
（二）緯國任連長已一年餘，可不必再作下級官，將
　　　來最好能派赴邊疆工作，以重邊疆人士之觀感，
　　　而作內地人士之模範。
（三）此次在新疆與盛晉庸督辦談話，彼希望余常駐
　　　或再往，將來如有必要，當可再去。
（四）回憶民十七年北伐完成時，總裁與余自北平同
　　　車南返，余讀漢高祖之大風歌，歌曰：

大風起兮雲飛揚，
威加海內兮歸故鄉，
安得猛士兮守四方！

余意即須注意邊疆。現在邊疆重要，過於往昔，但著手經營，仍不為晚。去年十二月十九日余考察甘、寧、青黨政歸來，曾面陳總裁以應付西北之主張，提出十四個字：「調整青海，鞏固甘肅，相機收復新疆。」此十四字，現在均已做到。今後惟須注意余在蘭州時所面陳之六項原則，即：

（1）建設甘肅

（2）穩定寧青

（3）鞏固西康

（4）調整新疆

（5）控制西藏

（6）溝通外蒙

在此六原則中，以溝通外蒙，較為困難也。

旋與總裁相談終南山風景，並隨總裁步出戶外眺望，盡歡而散。

晚六時，胡總司令宗南在中央軍校第七分校大禮堂招待聚餐。屆時與張文白兄同往，及門，則有軍官迎接，入門，則奏軍樂。禮堂之佈置，莊嚴偉大，氣象光昌。參加會餐者三百餘人，宗南兄請余坐於上列主位，貴嚴、文白兩兄分坐余之兩側，其本人則坐末座相陪，殊太客氣。飯菜上齊，數百人同時舉箸，佐以軍樂，尤富有整齊和諧之精神。餐畢，由一軍官致歡迎詞，詞畢，首由余致詞，略謂：

總裁日前在西安會議中訓示，以玉門為大門，新疆為操場，意極偉大。茲謹略作補充，查我國版圖，西極帕米爾高原，西北以阿爾泰山與蘇聯為界，西南以喜馬

拉雅山與英屬印度為界。吾人必須掌握帕米爾高原,始足以固蔥嶺;掌握阿爾泰山,始足以控制蒙古,鞏固新疆;掌握喜馬拉雅山,始足以安定西藏,屏蔽滇康。故吾國國防,應建設至此三個地帶。比譬言之,新疆為吾國之大操場,則帕米爾高原恰如操場前之照壁,阿爾泰山及喜馬拉雅山恰如把守操場之兩尊獅子。將來如何將中華民國國旗插到此照壁及兩尊獅子頂上,則須我全體武裝同志努力也。

繼由貴嚴兄致詞,希望吾國建軍能達到世界各國之水準。文白兄致詞,以本校師長之立場,對七分校同仁備加慰勉。致詞畢,乃由王曲劇社開演野玫瑰話劇,劇分四幕,以王克敏家庭為背景,中心思想是在表現漢奸甘心賣國之基本原因及國家民族意識之偉大。劇散歸來,已十時許矣。

9月13日

昨午總裁面告,明日將返渝,可事準備。今日余乃分訪友好,並整理行李。閒中復於居處附近散步,甚感愉快。

9月14日

余於上月十五日隨總裁離渝,迄今方為一月。所經陝、甘、寧、青四省,固為余舊遊之地,惟今又一蒞新疆,深為欣忭。西北天氣高爽,令人身心舒快,余僅在西安之日,因飲食不慎,稍患肚瀉,其他時間均甚安好,殊以為慰。

　　西安距敵人機場甚近，敵機二十分鐘即可飛至，故常來擾亂。今日上午九時至下午二時當余等動身之前，曾兩次警報。午後五時迎接總裁之飛機兩架先後飛抵西安，總裁偕余及皖主席李品仙等上機，五時三十分兩機起飛。未幾暮色四合，飛機在空中盲目飛行，至晚八時飛抵重慶白市驛機場降落，本會曾處長少魯在機場迎候。該處距永興場本會僅二十餘華里，余乃偕昆田、少魯乘車回永興場，及到家時，已九時餘矣。

附記
三十一年次要事項

（一）中央十中全會一般情形

（二）經濟危機，物價逐漸高漲

（三）記新疆之重要性

（四）衛立煌免去本兼各職

（五）周昆田調任蒙藏委員會委員

（六）五十八歲知寒冷

（七）記夢

（八）老友蘇宗轍兄逝世

（九）老友王季文兄為匪綁擄

（十）老友陳鳴夏兄老來的苦境

（十一）蒙藏委員會第四期訓練班畢業

（十二）忠告奚東曙兄

（十三）行政院會議秘書長陳儀拍案

（十四）研究外蒙活佛哲布尊丹巴

（十五）辭蒙藏委員會委員長

（十六）老友楊滄白兄逝世

（十七）勸居院長覺生勿辭職

（十八）前交通部長張公權不平之談話

（十九）庸叔、光叔母子等由港經桂來渝及余赴桂之經過

（二十）三十一年除夕之感想

（一）十中全會一般情形及我當選常務委員

　　三十一年十一月十二日適逢先總理誕辰，于上午九時舉行十中全會開幕典禮。蔣總裁主席，其訓話大意：

一、本黨暮氣沉沉，深中官僚行為之毒。

二、改革黨務、整頓黨務，是此次會議精神。

三、從前革命沒有政治、軍事之掩護，現在革命沒有政治、軍事就不能革命了。

四、社會、教育、黨務都要武裝起來，所有紀律、組織等就是我們的武裝。

　　十一月十六日上午九時總理紀念週，蔣總裁領導行禮，至訓話大意：

一、中央黨政機構應加以調整，要合理化決定應裁應併之機關。

二、局外人批評本黨上層有黨、下層無黨，為私有黨、為公無黨。

三、所有迭次決議及一切法令規章，多不實行，都是虛的，負責精神不夠等等。

　　十一月二十一日下午三時出席十中全會第八次大會，蔣總裁主席，議題為黨政工作總檢討，並以健全下

層黨部及恢復革命精神為檢討之中心。各委員自由發言，都集中于中央黨部，不滿意之言論甚多。有云本黨頭足都好，就是中間不通，又有云下級黨部只要侍候省黨部幾位委員，省黨部只要侍候中央幾位先生，中央幾位先生只要侍候總裁就算好了。又有主張實行總理遺教民主極權制，施行選舉制度，議論紛紛。各委員如此露骨說話，為從來會議所沒有，而當總裁面如此說話亦是少有的。經二小時半之久，最後由總裁作一結論：

一、中央常務委員可用選舉制，其他地方黨部亦可用民主集權予以選舉。

二、小組會議甚重要，今後總裁親自出席小組會議。

三、黨政不可分離，今後以行政人員擔任黨務工作。

四、各省社會處由省黨部委員兼任。

五、以後黨政工作對象，應以總理實業計劃為目標定一個對象，以義務勞動為入手。

六、下級黨政人員待遇太低，明年預算要增加。

七、先有軍事，後有政治來源，所以黨政組織應合乎軍事，如陸軍師長通常只可指揮六個單位，多則精神照管不到，黨政組織亦應如此。

　　以上所示，大都與我所見相同，現在很多人說黨政人員官僚化，其根本原因，就是本屆中央委員多半是由現任官吏及有利害關係者選出，否則就是有歷史、黨性強、能苦幹革命黨人亦難當選。吾為黨國前途憂。

　　十一月二十七日選舉常務委員開票結果，陳果夫、何應欽、孔祥熙、張厲生、白崇禧、宋子文、鄒魯、葉楚滄、丁惟汾、李文範、馮玉祥、陳濟棠、吳忠信、潘

公展、鄧家彥十五人當選,其他五院院長居正、戴傳賢、于右任、孫科為當然常務委員,而常委用選舉制尚屬初次。常委責任重大,于全會會議閉幕後,其中央黨務最高權由常務委員行使之。

(二)經濟危機,物價逐漸高漲

欠計劃、無限制發行法幣過多,以致物價有增無減,生活日益維艱。現在(六月)法幣一千元與戰前相比較,僅值二、三十元。抗戰五年之今日物價雖高至如此,而我們仍有布衣粗食,似可證明不一定是食物缺乏,乃是人事之未盡。即以歐戰物資缺乏之國家而論,無一國如我國經濟之紊亂。蓋自抗戰以來,軍人確已盡責,而經濟確未辦好。

經濟學者葉元龍先生(葉曾隨我在安徽任教育廳長、財政廳長)認為通貨膨漲因中國是農業國家,不能與工業國家相比,只要維持軍隊及公務人員生活,社會不致發生其他影響,但一般認為惡性通貨膨漲結果有不堪設想者也。

我的老朋友金融泰斗陳光甫兄,他說(九月卅日)通貨膨漲流弊甚多,不如購買美國封存不用黃金運回我國,維持法幣信用,使社會安心,或可應付一個相當時期。

蔣總裁出席總動員會議,亦以物價飛漲之危機為慮,並云抗戰時以軍事為第一,現在應以經濟為第一,尤以疏散人口前往西北為當前最必要之工作云云。

現在經濟困難,政治腐敗,其總因不外無是非、

無賞罰，及政治機構龐雜，大家不負責任，更加社會道德墮落，官兵無守法精神。因此君子隱避不違，小人則毫無忌憚，這種情形若長此下去，其禍患何堪設想。我雖澈底明白，而無才力足以挽回，亦只有慚愧與長嘆而已。

現時九月份物價較一月前更飛漲，即以雞蛋一項而論，由八毛一枚漲至一元四毛一枚，其他物價可以想見。

某日晨間我在城內早餐，我吃燒餅，曾小魯、張國書兩秘書吃稀飯，只有一樣小菜。小魯告訴勤務，委員長早餐應備雞蛋，勤務答曰雞蛋太貴。迨返鄉寓，據惟仁夫人云，申叔久未吃雞蛋，昨晚多方說項，今晨食蒸雞蛋二個，他十分歡喜云云。吾國人在平時食雞蛋，等于素菜，是很普遍的。今者如此寶貴，是我們料想不到的。今後生活艱苦有增無減，乃是必然趨勢，吾人應準備過更艱苦的生活，方可達到抗戰最後之勝利。

羅佶子（良鑑）先生因生活問題覆他的夫人函。羅先生是我知己的朋友，他于十二月十八日與我談話，他的夫人現住桂林，來信報告生活情形，略謂：「兒女眾多，感覺生活、醫病、教育均成嚴重問題」，羅先生覆函謂：「上帝並未規定每人必入學校，上帝並未規定病人必入醫院，上帝並未規定每日必喫兩頓飯。」話雖不免理論，不近事實，但意義甚深。查近二、三年來物價飛漲，有超過戰前百倍者，而農工商各界，不但未受影響，且多更加發財，其最受影響，最感壓迫，是軍、公、教人員。

（三）記新疆之重要性

自青海馬主席步芳來渝，青、甘兩省軍政得以調整，更應進一步調整新疆。查新疆關係國防，最為重要，如不能掌握新疆，則外蒙固難復，內蒙亦難保全，而西北各省更告不安矣。可以說保衛新疆，不但為國防上之必需，而礦產富饒，罕有其匹，亦國家資源上應當注意者也。回憶清光緒初年，新疆變亂，朝論紛紛，多以軍費軍餉浩大，用兵新疆，頗多異議，有倡議放棄回疆，封賊為王，獨六十五歲老翁左宗棠先生力持不可，願任前驅。不數年戡平回亂，建立行省。倘當時無左先生堅強主張，親身吃苦，則新疆不復為我有矣。

（四）衛立煌（俊如）免去本兼各職

衛立煌自抗戰以來任第一戰區司令長官，迭獲勝利，為不可多得之將才。惟勝則難免于驕，且積極想管政治，有不達目的不止之勢。因此政府令其兼河南省政府主席，以素無政治學識與經驗的軍人，初次擔任一省政治首長，難免措施失當，故于本年一月經政府免去其軍政本兼各職，調任西安軍事委員會辦公廳主任。但外間紛傳立煌思想發生問題，所以免職。某日立煌參謀長郭寄嶠來見，據云：「衛長官日間來渝無住處，但上兩次來渝，住在孔祥熙家中。此次未便再住孔家，擬借住吳先生家中，如何？」余曰可以的。我家房屋雖少，我能住他亦能住，極表歡迎。我一面準備余家房屋，一面暫借陳光甫家中為其臨時下榻之所。嗣立煌向我說他將出任緬甸派遣軍總司令。我認為他太天真、太主觀、太

不知道此次免職的內容。我于三月二十二日飛桂林前夕
與衛談話，衛說吳先生回重慶時，我（衛）已離開重
慶。余曰在廣西約有一個月耽擱，回來時你還在重慶，
未能遠行。及至余一月回渝，衛不但未發表緬甸派遣軍
總司令，甚至已發表西安軍事委員會辦公廳主任亦不准
到任。斯時謠言更多，並有特務跟蹤，因住在余家，減
少很多麻煩。大家都知道立煌與余有歷史關係，可以轉
移衛的觀念，否則必受監視，禁止活動。事到如此地
步，只有到成都家中靜居。衛臨行時我向他忠告「止謗
莫若自修」一句老話，我強調說，你正好趁此機會侍奉
老母，趁此機會多多讀古人書，到成都後要辭去一切應
酬，少見賓客，萬一見客要少說話，避免一切是非。若
能如此，經過一個相當時間，蔣委員長還是要派你負重
大責任的。他說就照吳先生所說去做。我為何能坦白忠
告，因他二十歲時即隨我革命，繼續隨我轉戰西南各
省，他的事業基礎由我一手培植而成者。他因我而認識
蔣委員長，及得蔣委員長之重用，他作戰非常英勇，是
其成功唯一條件。最可惜者，他少讀詩書，是其失敗之
根本因素。他能在革命陣線中長成，得有今日之地位，
余亦有無上光榮也。

（五）周昆田調任蒙藏委員會委員

　　二月三日上午九時，余出席行政院會議，蔣院長主
席，決議蒙藏委員會委員張西曼免職，以簡任秘書周昆
田繼任，所遺簡任秘書以科長方家異升任。

　　周委員昆田隨余在貴州及本會任秘書多年，前年隨

余赴西藏，去年冬考察甘、寧、青黨政，今年夏重赴西北，經歷陝、甘、寧、青四省，並一蒞新疆，余所到上項各地，均昆田同往，如同左右手，深資得力，贊襄尤多。他既親蒞賀蘭、祁連、天山諸大名山，並兩度喜馬拉山，故對于邊疆歷史、地理、文化等等都有深刻之研究，實為不可多得邊疆專門人才。他的性質是品學高尚、治事精勤、不驕傲、不苟得，確為後起之秀，有守有為之人才。惟體質素弱，對人過于和平，過于退讓，是其最大吃虧，亦是其最討便宜。

方秘書家巽湖北人，與余素昧生平，他是蒙藏委員會老職員。余到本會後考察職員優劣，深知他奉公守法，為職員中最標準者，故從科員提升為科長，茲再升任為簡任秘書。不料升任未久，竟于二月十五日（即壬午年正月初一日）下午忽患腦溢血，于二小時內逝世，胡天不佑，一至于此！

（六）五十八歲知寒冷

自「冬至」到「立春」或「雨水」五六十天中，重慶天氣最寒，其他如華北長江各省亦大都如是。我最近兩年于此期內兩次重傷風，今後每于此期，當特別保重。余現年五十有八（照陰曆計算）始知寒冷，何幼稚乃爾！由此類推，過去五十七歲以前做事之錯誤，可想而知，既已知錯誤，應即痛改，所謂過則勿憚改是也。倘是因公而又是普通錯誤，人家尚可原諒，倘是為私而又是爭權利之錯誤，人家當然不能原諒，且必招無窮之禍患。

（七）記夜夢

二月二十八日深夜，夢天空乘馬，遇大海，忽有一人自空中跳下，浮於海邊水面（水不深），余乘的馬，亦自空中慢慢下降，亦落在海邊水面。馬于初著水時稍飲海水，余覺衣服均未濕，只有兩足入水。當下降時，略有恐慌，醒時正夜二時，這真是夢想。舊小說天馬行空，其預兆是主行動，並主遠行。

余于去年十二月二十六日夜夢著軍服乘駿馬（如外國馬）。該馬棗紅、墨鬃，既高大且馴良，一望而知是受過教育的良馬。余某年夢隨蔣總裁及其夫人，于天將明時至火車站，附近拴馬數匹，內有單拴一匹粉嘴黑馬，非常美麗。又本年二月夢乘馬空中行（見上段），其後于去冬往西北考察黨政，及今夏隨總裁視察西北，及與蔣夫人赴新疆，或即該兩夢之預兆也。這次又夢乘馬，或又將遠行，不過身著軍服，實非余之所願，姑記之以測將來。

（八）老友蘇宗轍兄（企六）逝世

三月二十一日得長沙縣長來電，蘇宗轍先生居住長沙鄉間，忽投水逝世云云。聞之十分痛悼。企六兄是余少年同學，于近三十年革命過程中，非常努力，身負數傷。尤以民國十七年革命軍北伐之際，日軍在濟南阻我軍北上，殺我外交官及同胞，當時企六兄奉令防守濟南，與強敵血戰數日夜，嗣奉令撤退，此種抗日先鋒精神，令人欽佩難忘。身後蕭條，只一妻一子，余當呈請政府予以褒揚。除電復縣長並即送奠儀一千元外，並函

商偌子先生如何辦理善後。查企六兄在清末任江蘇陸軍第九鎮輜重兵連長，方振武將軍就是他連上軍士。辛亥革命，一向在徐州方面帶兵作戰，他是能文能武。我任安徽省主席，他在皖北任首席縣長，嗣方將軍任安徽主席時，他任民政廳長。迨抗日軍興，他反而失去工作。他是江淮慷慨悲歌之士，遭遇如此，大有英雄末路之勢。余與羅偌子先生見其徬徨不安，適偌子先生長沙鄉間寓所，無人居住，特請企六兄前往休養身心，生活由我接濟。聞該宅背後有山，前有池塘，風景甚佳，並有耕地，所收穀米由企六兄食用。他平素嗜酒，此次是因飲酒過多而失足乎？抑係因憂悶而行短見乎？

（九）老友王季文兄為匪綁擄

老友王季文兄家住九龍原朗村，在去年冬香港為日軍佔領時，被匪綁架入山，納贖歸來，身負重傷，九死一生，脫離虎口，所有經營，損失一空，家人流離失所，現在移住澳門，身體、精神、物質都不易恢復。余迭次去電安慰，茲于五月十一日收到由桂林轉來上月卅日彼之來電，閱後深為痛心。其原電謂：「承念甚感！弟生死已置度外，近日血壓忽高忽低，再高則血管破，再低則心臟停，均屬可慮，或成永訣，則有負三十年老友云云。」

王季文、蕭紉秋二人之意見不洽。老友蕭紉秋兄由香港偕吳和生兄（少祐胞弟）于十二月九日晚安抵重慶，下榻余寓。據紉秋云，王季文兄自香港淪陷後，其精神與物質慘遭失敗，因此神智不定，有神經病模樣，

舉措失常，甚至與日人周旋。紉秋兄連日與余談他此次
在香港脫險之經過，余發覺紉秋、季文意見太深，而吳
少祐兄亦與季文意見相左，但蕭、王、吳均是余之朋
友，余只得不偏任何方面，勸蕭勿為己甚，如季文兄在
香港行動有關黨國利害事件，可以報告總裁，其他無關
得失之言論，可以少說，何況季文的主張，你不但贊
成，而且同行，此時你說季文不好，你亦有責任，正如
俗語「臭肉同味」是也。余更向紉秋表示對人要寬恕，
對己要反省。余深知季文神經過敏，主觀太重，是其一
生大病，余與季文感情雖佳，但政治主張向有出入。余
識季文久，知之甚深，對其平生可試作如下之批評。

　　季文學富識高，對于戰國策一書，研讀尤精，運籌
帷幄，確具長才。惟其缺乏擺脫環境之勇氣，每易為環
境所屈服，故其為人謀也則巧，為己謀也則拙。昔蘇秦
被刺于齊，張儀求庇于魏，均屬拙于謀己之實例。季
文此次在港所遭遇之困阨，及其現在處境之艱苦，或皆
由于家室財產之眷戀，未能作遠大施展以投身于抗戰陣
營，而致食此惡果。蘇東坡有云：「非才之難，所以自
用者實難。」良為古今有才者當頭棒喝。

（十）陳鳴夏兄老來的苦境

　　老友陳鳴夏兄，安徽人，與余在清末陸軍第九鎮同
事，參加辛亥革命及討袁、北伐諸役。抗日軍興，他任
九江警備司令，嗣撤退後方，移住雲南，一生戎馬，艱
苦備嘗，其出生入死，不知幾多次。現年過花甲，其
夫人年事尚輕（四十一歲），有四女無男，且女待嫁，

年尚幼。當此大局動盪，四顧茫茫之際，進退維谷，特
向余表示到無路可走，只有全家自殺之一法。這是軍人
最慘之末路。聞聽之下，令人無限感慨！經多方安慰，
並聲明一定為之後援。伊到重慶一住四月，余向當局進
言，發表為軍事參議院參議，近又向振濟委員會推薦，
亦可予以名義。倘物價不再高漲，可以勉強維持目前生
活。伊眷屬現在雲南，擬即遷渝，余先後送法幣二千
元，亦不過略表微忱耳。

（十一）蒙藏委員會第四期訓練班畢業（31 年 5 月 29 日）

本會政治訓練班第四期學生三年期滿，于五月二
十九日上午九時舉行畢業典禮，余于上午八時半前往主
持典禮，本會王應榆、誠允諸委員及各處室同事，以及
本班教職員一同參加。由班主任倪世雄（健飛）主席，
於發給文憑後，由余訓話，其要點為：
一、對學生致賀，並對教職員之辛苦致謝。
二、希望學生分發到各機關工作及分發到各地方工作，
　　要盡忠職責，並為本會爭光榮。
三、人生過程中為讀書與做事，畢業後固屬要做事，仍
　　一面要讀書。
四、做事之要點，必須認識環境與認識自己。
五、對人須謙虛，對己須反省，對事須客觀，尤須秘密、
　　確實、迅速、忍耐。
　　翌日上午、下午分別約見政訓班畢業學生談話，預
就家世、志願、時事、思想、能力各方面擬定問題，隨
便選問。全班畢業生共四十七人，已有六人回籍，今日

所見四十一人中，雖少數體弱或略帶疵瑕之處，但極大
多數都是有為優秀青年，殊可慶幸！本班學生都是高中
畢業或同等學歷，由本會招考，經過三年邊疆專門學術
訓練而畢業者，其學歷如大專學生。

（十二）忠告奚東曙兄

六月十一日奚東曙兄來訪，他自以為現在地位及家
世及海內外同學眾多，與夫社會等等均有勢力，深為滿
意。余以為滿招損，謙受益。因東曙對我甚為尊重，
所以不客氣予以忠告曰，凡有力量者，最好不要露出力
量，甚至自己都不感覺有力量，方可免人忌妒，否則必
定不知不覺流于驕慢，必闔禍患。又強調曰，說話要當
心，做事要小心。因他交遊甚廣，朋友甚多，隨便說
話，是其最大吃虧地方。

（十三）行政院會議秘書長陳儀拍案

六月三十日上午九時余出席行政院會議，孔副院長
任主席，討論「分層負責並施行幕僚長制」一案，該案
係蔣總裁命令最高國防會擬定，通令中央黨政各機關
者。院會主席孔副院長以此制不適于現在行政，主張應
緩實行，並強調雖是總裁命令，仍可陳述意見，不一定
要辦的。且總裁有許多事件，雖下命令而尚不知道者云
云。陳秘書長謂，其他各院均已實行，本院即應實行，
而且是總裁與國防最高會議交辦之案，更應服從。陳秘
書長一時情急，手拍會議長桌曰，如此只有辭去行政院
秘書長。孔主席繼起發言謂，本人在行政院任部長、院

長、副院長，先後已有十五年，未見有如此失態者，以後院會果再有如此行為，只有請政府免余之職云云。一時空氣緊張，鬧得非常的僵。這是行政院從來未有的笑話。就我平心而論，孔、陳各有理由，惟此種大案，不能慎之於始，故有此不良結果，最後由兩部長調解，復言歸于好。

（十四）研究外蒙哲布尊丹巴

哲布尊丹巴呼圖克圖轉世問題，在黃教傳統以及蒙古王公非常重視。查哲佛是外蒙古獨一無二大活佛，清朝特別崇高其地位，迨外蒙革命赤化後，對該活佛尚採取懷柔態度，俟該活佛圓寂後，外蒙政府即不准其再轉世，並將外蒙古寺廟一律充公，喇嘛勒令還俗，有德活佛喇嘛多被殺害，佛教在外蒙乃告肅清。現在日人及蒙古偽組織，密派活佛喇嘛人等前往西藏，辦理哲佛轉世，以便號召外蒙。但吾人為對付敵偽起見，應加以考慮與研究，當前我應注意，就是蘇聯及外蒙政府同情我抗日，對我勿誤會。

（十五）辭蒙藏委員會委員長

余任蒙藏委員會委員長已六年有餘，在抗日戰爭期中，以安定邊疆為最高原則。自從親赴西藏辦理第十四輩達賴坐床大典，收回國家主權後，復有去年冬季、今年夏季兩次西北之行，邊疆各省政治得以調整，現在西康、青海、甘肅、新疆、寧夏、綏遠各省當局，一致擁護中央，服從領袖，素來之隔閡一律銷除，此乃民國以

來邊疆未有之好的現象。不但安定大後方，即以邊疆整
個政治而論，是很不容易得到此優良之結果。余既不用
兵力，亦不用金錢，更不用策略，所用者真誠談泊四個
字，及得中央與邊疆地方各當局信任而已。現在余對邊
疆政治已登峰造極，今後邊事，如西藏軍事、外交，至
新疆固在建設，而軍事、外交亦同時並重，此皆非余職
責所能及。尤以中央對于邊事意見不統一，掣肘之處太
多，而各方對于邊事很少研究，歡喜唱高調及拉攏邊疆
政客，一遇邊事稍為不順，必曰政治未辦好，或見好邊
人，殊不知自古治邊離不開實力，倘邊事能以政治得到
根本解決，則國家養兵何用乎？余深覺對于邊事不能
行其志，更難負其責，故特上函蔣總裁辭職，其原函
如下：

總裁鈞鑒：

　　信感于邊政責任艱鉅，曾于五月呈請辭職，乃蒙賜
電慰留。惟現在邊政建設，百端待舉，信自問才力有
限，證以過去六年之經驗，雖復竭盡所能，亦難續有進
展。若再延長下去，不獨無補于國，抑且有負于公，用
特摍誠懇求，另簡賢能接替本職。信決非苟安之徒，仍
當隨時效力其他工作也。

　　　　　　　　　　　　　　　三十一年十一月一日

總裁慰留函原文如下：

吳委員長禮卿兄勛鑒：

　　十一月一日函悉。兄規劃邊政，多協機宜，歷建懋勳，遽言高蹈，務希打消辭意，並請兄六日下午五時移玉面談為盼！

中正

戌微侍秘

　　總裁慰留函發出後，復約余五日中午午餐，餐後談話，余先談西藏近情及派喜饒嘉錯等入藏等事，末談余辭職事。余根據辭職原函，加以說明，不能再幹。他說蒙藏委員會重要，不能辭。最後余答曰，在未覓得替人之先，余仍當繼續暫予維持云云。

（十六）老友楊滄白先生逝世（民國 31 年）

　　楊滄白兄于八月六日在渝病故。楊六十二歲，四川重慶人，曾任四川省長、廣東省長，現任本黨中央委員、國民政府委員。回憶民國四年十二月五日，肇和軍艦起義（另有詳記），我們上海法租界漁陽里總機關被敵探及法巡捕突破，一時形勢緊張，我與陳英士先生、楊滄白先生及日本友人山田純三郎先生，由後樓晒台登屋頂，忽與英士先生失去聯絡，我與滄白、山田三人由屋頂行至該里最後一家，無路可通，正在維難之際，忽見該宅晒台有一小梯，吾人正好用此小梯，由屋而下，即在該晒台躲避。最奇者，該宅有一間小屋（滬人呼之

為亭子間），對晒台有窗，經我推動，只關未閂，且未住人，但我們恐驚醒主人，故未便進入休息，只有在晒台上等候機會，等候外面消息。我們三人中，楊先生是學者，山田是外國人，不慣此種行動，一切囑我計劃。時至深夜，感覺饑寒，滄白先生云：「天下最笨拙的事，都是最聰敏人做的」，確有深意存焉。迨至天將破曉，引滄白、山田兩位先生由窗入亭子間，再下樓開主人後門，安然走出，我們三人可謂患難之交矣。今忽聞滄白先生逝世，悼痛殊深，人生若朝露，可悲可嘆。

　　此次為何晒台有梯，使我可以從屋而下，為何晒台窗戶未閂，為何亭子間未住人，好像替我們佈置好一條出路，真是冥冥中不可思議者也。

（十七）勸居院長覺生（正）勿辭職（31 年 12 月 20 日）

　　據居院長覺生先生向我說，總裁有令說，最高法院有一萬多案件未結，而自己又感覺內部不洽調，因此擬辭去司法院長職務云云。我答謂：總裁對我們老同志素來愛護，尤其對于居先生、林子超（森）先生、于右任先生更加尊重。總裁此次說高等法院事，正是表示對于居先生有好感與信任，希望居先生整頓高等法院，請居先生勿誤會，從速打消辭意如何。至于最高法院積案，應即查明是否有意拖延，抑係因證件未全及因其他事宜之所致，可用很老實態度呈復。倘內部若有未洽之處，可以設法調整。居先生聽我這番話，非常贊成。

（十八）前交通部長張公權先生不平之談話（31 年）

十二月二十七日晚間，前交通部長張公權先生來訪，據云他向蔣總裁表示，任交通部長七年之久，未用私人，且集合大批技術人才，而現存各種材料可敷二年之用。總裁答曰交通部已有基礎。公權又云，中國銀行經數年之改革與整理才有現在之基礎，茲已將交通部與中國銀行先後交給國民黨，可對得起國民黨了。言下頗有不平之氣。我與公權兄在行政院同事數年，深知他辦事熱心且有才能，中國銀行基礎確係由他建立者。在交通部任內建樹亦是很多，政府對于此種人才，應該繼續另予任用。惟公權兄係商業出身，對于政治難免外行，是其吃虧者。

（十九）庸叔、光叔母子等由港經桂來渝及余赴桂之經過

香港為日寇佔領後，庸叔母子等毫無消息，余時在憂慮之中。至三十一年一月二十二日張任民兄（廣西參謀長）由桂林來電云，得港訊，庸叔、光叔母子等均平安，現移住九龍，正設法回內地云云。聞之十分欣慰，惟電中並提及吳少祐姪兒被匪擄去未釋，深以為念。

二月九日庸叔等已由澳門起身，經三埠赴桂，約旬日可到梧州，異常歡慰。

二月二十三日張任民兄由桂林來電謂庸叔等已到肇慶，日內到梧州，自當招待在適當地點暫住云云。庸叔、光叔母子此次得以脫離危險，都是大家朋友幫忙。

三月三日庸叔母子等來電話，今晨安抵柳州，當即囑其在柳暫住。

　　三月十日庸叔母子等既已抵廣西，余擬親往料理，本日特向政府請假一月，一俟核准即起程。

　　三月十一日庸叔等來電，擬十一日晚隨吳和生先生赴桂林云云，我本來託張任民兄在柳州覓屋暫住，予以休息。

　　三月十四日我擬赴桂林，請假一月政府已批准，將于二十二日起程。

　　三月十五日收到庸叔等于三月四日由柳州寄來一函，很詳細，茲摘其大要如下：十二月八日香港戰爭忽發之日，因事起倉促，臨時遷住吳少祐先生家，繼又遷住王季文先生姪女家，在此半月中，砲攻與轟炸朝夕不停，白天大都時間乃在防空洞生活，夜間有三通夕歇于防空洞，此半月時間，食不知味，寢不解帶，非是人間生活。十二月二十五日香港英政府無條件屈服後，我們再移胡惠德醫院居住，以避日人及漢奸耳目，偽裝病人，深居三樓。至二月四日由吳和生先生護送到澳門，再冒險赴桂。沿途有日軍防區、有淪陷區、有偽軍區、有土匪區、有游擊區，如斯在法紀墮亡地域中行走，聞者亦怵目驚心也。香港淪陷後，一言以蔽之，人間地獄是耳。日兵、漢奸與搶匪三種人到處橫行，搶劫、綁架、勒索、槍殺、姦淫，無日沒有，比比皆是。中國好百姓日在飢寒交迫飲氣吞聲之中，大街小巷隨時有日兵檢查搶取，垃圾車缺乏，垃圾當街積如小丘，臭氣逼人，蒼蠅群集，因此不久將有疫癘流行，可以斷言。居民無不思早日離此地獄世界，一以交通工具不夠，一以領取歸鄉證不易，並且旅費亦難籌措，是以百萬同胞仍

是忍飢忍氣，權作俎上肉云云。

此次日寇出其不意襲擊香港，大家均料想不到，我家本預備隨時遷澳門，以時間倉促，未能如願。推想當時情形殊令人驚心動魄，余事先未能考慮周詳，使他們吃此大虧。此次平安脫險，深感香港諸友幫忙，尤以吳少祐、吳和生昆仲始終負責，使我無限感謝。而兆麟弟隨時隨地不離庸叔、光叔母子身旁，關係尤為重大，更應感謝上天及祖宗之保祐，尤其難得惟仁老太太念佛之禱告。

余存香港二十六年、二十七年日記兩冊，他們于香港淪陷之日即焚毀，未免可惜，亦是不得已之措施。這封原信要特別保存，永留紀念。

我本定三月二十二日晨飛桂，因昨天氣候不佳，印渝班期有誤，影響渝桂今日班期，大約明日可以起飛。

庸叔母子等此次在港借上海銀行五千元，言明到渝償還在渝上海行六千元。又少祐經手借港上海銀行壹仟元，言明償還國幣五千元，兩共一萬一千元。余在上海銀行活期存款九千元，定期存款四千元單據交與光甫，他云將此單據代為保存，將來即以此款歸還借款。

三月二十三日上午九時到飛機場，十時起飛，十二時半到桂林。黃主席到機場歡迎，因飛機早到未趕上，隨至余寓之環湖酒店訪問。余于二十六年由京撤退時，道經桂林，亦住此店。昨日所記載歸還麗安等香港上海銀行借款法幣一萬一千元，茲詢明麗安，只要還六千元，其餘少祐所借香港一千元（折合法幣五千元）應歸少祐償還，遂將此情轉告光甫先生。

　　三月二十四日桂黔鐵路局長侯家源先生來訪，據侯云該路局在宜山有現成房屋，請余等往住，當即電話裴副局長益祥（季浩）來桂面談。裴係壽縣下塘集人，距我故鄉北面三十華里，與余素有交誼。翌日裴副局長趕到桂林，與我約定日內赴宜山，惟該處氣候欠佳，擬暫時住一個時期。

　　桂林是廣西政治中心，亦是西南抗日根據地，而桂林又是余舊遊之地，朋友甚多，彼此往訪頻繁，深感應酬來不及之苦，即擬離開桂林。

　　三月二十八日晚，桂黔鐵路局特掛包車駛宜山，是夜大雷雨。又向桂林上海銀行借國幣七千元，由重慶歸還，並以此項借款五千元帶往宜山家用，二千元存該行為回渝旅費。

　　三月二十九日晨，車過柳州城站。九時半張任民兄偕曹女士來見，曹係山東人，名門閨秀，留學日本，恨日寇侵略回國，隨軍抗日，與任民結識，已生一子。曹女士現患腿疾，扶仗勉強行動，狀甚憔悴。曹女士係此次由香港與庸叔母子一同冒險來桂，他很想離開廣西到中央工作，託我向中央設法，言時淚下，要求與我們同行。我因當前曹女士環境與任民兄之關係，很難達此目的。此等聰敏美貌、有才有志女子，其遭遇何以如此不幸耶，我對曹女士深表同情，曹女士是時代犧牲者，是抗日犧牲者，只得多方安慰，無法請他與我們同行。我們隨即開車，于午後三時半到宜山（慶遠府），侯局長率陳秘書、許科長等迎接，旋即轉車，行數華里至九龍岩黔桂鐵路局辦公處，有天然大防空洞，所以在此辦

公。鐵路局未到之先，此地是一片荒野，今則房屋甚多，供職員居住，有電燈、電話、自來水、無線電、醫院、小學校等等新式設備，四面是山，遠近都是高峰，風景美不可言，真可稱為世外桃源。余住裴副局長新建房屋，既整齊而合用，余自抗戰以來，以此次居住之環境，最為合宜，藉此暫時修養身心。

三月三十日侯、裴兩局長約余及麗安晚餐，計兩席，一設招待所專為招待本人，以各科長作陪，一設余寓所，專為招待麗安，以各科長夫人作陪，未免太花費了，太客氣了，只得心感。余之住所及水電等等決定給價，斷不因私害公。

三月三十一日黔桂鐵路局特別黨部籌備委員楊文藩先生請余赴宴，余以私事至此，不欲交際，尤不欲演說，且物價高昂，黨部經費有限，更不應有此宴會，但楊先生熱情可感，特婉辭焉。

四月二日庸叔進此間小學校二年級下學期，他算學尚好，常識豐富，認字甚多，平均五十個漢字，其中不認識的極少數，其餘寫字、手工、音樂等都不高明。

四月三日即陰曆二月十八日，余的生日係以陰曆計算，則今日是余五十九歲生日。在此地休息，身心均感安適，公私方面均覺順利，深感老天待我優厚。

四月五日此間天氣冷熱不定，落雨天冷，日出天熱，大有一雨變成秋之感。庸叔午後發寒熱，好像是瘧疾。

四月六日接見黔桂鐵路車務第一段（自宜山至柳州）段長郭光霽（蜀嶠），合肥人，交通大學畢業，係寄嶠胞兄。

　　四月七日午後偕麗安、兆麟進城遊覽，並購零物。回憶我于民國二十五年春在任貴州主席時，由滬經廣西回貴州，道過香港晤胡漢民先生，勸他赴南京與蔣先生合作，未得要領，不久胡在粵病故，此乃余與胡最後之一晤也。余當時經西江至南甯晤白健生先生後，經宜山回貴陽。迨至民國二十六年冬，南京移都，余與戴院長季陶經桂林過宜山赴重慶，此次再到此城是第三次。城垣如故，國事茫茫。

　　四月八日我本來主張麗安等在廣西暫住，渡過暑期敵人轟炸再赴重慶，他們要即赴重慶，未便勉強，余先回預備。

　　四月十二日午二時餘，偕兆麟、庸叔、光叔，由裴副局長陪同憑弔蔣百里先生墓，及宋儒黃山谷先生衣冠墓。蔣墓在宜山城西南郊數華里，由九龍岩乘汽車五分鐘可達山麓，撥草而進，先謁軍官學校第四分校死亡官兵墓，復上數十步抵蔣墓，行禮致敬。黃山谷先生墓在宜山城垣，西側有墓祠，中置山谷先生象碑，自題象贊曰：「似僧有髮，似俗無塵，作夢中夢，見人外人」，佳絕。祠後衣冠墓碑曰：「宋黃山谷衣墓，清道光辛巳慶遠郡守宋慶和勒石」。我等拜謁後，三時返九龍岩。

　　裴副局長夫人向住獨山，因聞庸叔母子等到宜山，特專誠遠道前來訪問，並送很多茶葉等等，深為感謝。

　　四月十六日得桂林上海銀行經理蔡墨屏兄來電，余回渝飛機坐位難定，須請軍委會桂林辦公廳李主任任潮設法，當即電請李氏協助。余原定二十六日由桂林飛重慶，能否如期，尚難預料。

　　四月二十日收到文叔姪四月九日來函，叔仁三奶奶于陰曆二月初八日（即三月二十四日）下午五時因肺病逝世。我一月三日偕文叔姪到仁叔家中看夫人病，見其臥床不起，骨瘦如柴，其肺病已至嚴重階段，頃得噩耗，殊深悲悼，遺下幼弱子女四人。仁叔中年遭此大故，真是萬分不幸，當即電告昆田代為安慰。

　　文叔、申叔先後來函，張國書表姪患肋膜炎已十餘日，經住入中央醫院診治檢查，肺部已有水，十三日熱度至一百〇三度。據說乃係昔在蕪湖所患之肋膜炎復發之故。

　　四月二十二日，此次在宜山承侯、裴兩局長殷殷招待，非常感謝。至庸叔母子等擬暫住宜山，稍緩赴渝。余于本日（廿二）午後四時二十分，偕兆麟由宜山乘通車赴桂林，侯、裴兩局長及裴夫人及庸叔母子等均到車站送行。七時半到柳州，十時由柳州續行。查湘桂、黔桂兩路係在抗戰時間建築的，所有器材均係由淪陷區鐵路拆下的，此種幹法充分表現抗戰決心。

　　四月二十三日上午六時十五分抵桂林，蔡墨屏、潘恩霖及孫紹園、謝叔傑等在車站歡迎，孫代表省府，謝代表綏署。下車後，孫約食桂林米粉，這是桂林最有名的食品，別有風味。下榻樂群社。

　　四月二十四日廣西省黃主席旭初來訪，並于午後五時在樂群社招待我晚餐，席間有海軍宿將薩鎮冰老先生，時年八十四歲。

　　四月二十五日中午請黃主席、黃廳長、孫省委及省議會李議長等午餐，席設上海銀行，並約該行蔡墨屏、

潘恩霖、朱汝謙、王宗鼇諸先生作陪。席散後再赴李主
任任潮午宴，在座有閩浙監察使陳肇英（雄甫）、七
十四軍軍長王耀武、三十四軍軍長陳沛（度侯）、第五
軍副軍長劉嘉樹等，王、陳、劉諸君係青年後起之秀。
晚間八時陳軍長過談，據云前方將士生活十分困苦。

　　四月二十六日上午七時李主任任潮來訪，據李云日
人黑木清水以中國華僑章某之名，請謁桂林黃主席見面
後，自認是日本人，特冒險來桂請求中日和平，雖犧牲
一切，在所不惜云云。以一日人而能深入內地，我軍警
平日疏于防範，可以想見。黑木清水之精神，大有德國
赫斯乘飛機降落英國求和之氣概。

　　四月二十七日余晨四時起身，六時黃主席及蔡經理
等到樂群社送行，同車到飛機場。因待客至十一時半起
飛，天氣惡劣，頗有顛動。該機只能容十四客，臨時要
求搭機太多，增加十人，共二十四人，太不合理，非常
危險。至下午二時半飛抵重慶。

　　五月五日兆麟等由宜山來電話，擬偕裴副局長季浩
兄來重慶，當告以最好候至霧季後來重慶，否則隨裴來
亦可，我是毫無成見。

　　五月十七日裴副局長來電，他準備汽車親送麗安、
兆麟、庸叔、光叔等來渝，約在二十日可以抵渝。

　　五月二十日上午十時偕周秘書昆田等過江，到南岸
汽車站迎接庸叔母子。候至九時，彼等未到，我等渡江
回城。

　　五月二十一日庸叔母子及張奶媽與裴副局長、孫科
長等午後四時平安到渝，諸承裴副局長幫助，十分感

激，惟兆麟因照料行李，尚須稍緩到渝。

　　五月二十七日（即陰曆四月十三日）上午偕麗安、庸叔、光叔回永興場鄉寓，抵家時惟仁老太太久別見面，非常歡喜，全家團聚，兆麟押運麗安等行李，亦于昨日安抵重慶。

（二十）民國 31 年除歲之感想

一、公的方面

　　雖今夏有甘、寧、青、新、陝五省之行，西北局勢得以大定，而西藏局勢反日趨惡化。其結果，中央命令青、康兩省佈置軍事，真是漢藏之不幸。其他會務均是照例辦公，無特殊進展。

二、私的方面

　　麗安、兆麟、庸、光兩兒及張奶媽五人由香港脫險，平安抵桂。這是天佑吾等，亦可說是余一生對人忠厚，尤未欺騙國家、欺騙社會，有所感也。余今春特親赴桂林迎接。

三、國內方面

　　戰事以湘北大捷開始，繼以援緬之役及浙贛會戰，為本年中三個主要戰役。湘北是絕對勝利，援緬是失敗，浙贛是得失參半。至政治、外交亦均差強人意，惟經濟更加困難，政府對于物價雖迭加限制，但未能發生效力。

四、國際方面

有太平洋大戰，有蘇德惡戰，更由北非之役使義大利露出可憐態度。日本雖尚未遭到大失敗，但已走至徬徨與煩悶道上，德國戰略已告失敗。總而言之，軸心國已失去主動地位，明年是同盟國反攻之一年，勝利可以預期。

闕漏補遺

1936 年
10 月 25 日　星期日

少祐夫婦來蘇遊覽，留午飯。纕衡廿五日午後來代看地皮，夜車回京。

10 月 26 日　星期一

由蘇趁上午九時半車赴京，車中遇前駐法公使高魯。閱報驚悉鄂主席楊永泰昨日午後在漢口突被兇手由背後連擊三槍，均中要害，僅十數分鐘即殞命。楊氏早年從政，已卓著聲華。近年任軍事委員會委員長行營秘書長，于軍事行政多所擘劃，今春任鄂主席，方期大展其才，何不幸若此，誠令人不勝悲悼也。午後三時到京，即至蒙藏會辦公，並致電楊之家屬弔唁。

10 月 27 日　星期二

上午九時出席行政院會議，通過楊永泰治喪費一萬元，及其他例案多件。午十二時至首都飯店應丁超五之晏會，晚六時至中央黨部應葉楚滄、于右任、丁鼎丞、王子壯、朱家華之晏會，七時至勵志社應章嘉呼圖克圖之晏會。又本日午後接見敏珠爾呼圖克圖等。

10 月 28 日　星期三

上午到會批閱公文。午後見和仁等，告以要自食其力，如孔子所云「素富貴，行乎富貴；素貧賤，行乎貧

踐」等語。白瑞在明湖春招待章嘉，余作陪，又馬市長、王警廳長招待章嘉晚餐，亦由余作陪。

1943 年
10 月 27 日　星期三

與麗安談家務，檢討過去之錯誤，研究將來之改善，結果頗佳。總之家不能齊，則國不能治。午後與藏事處熊處長談班禪轉世事宜及對藏問題，均認為中央主張不定，行動不一，應付不易。吾人應本良心與責任，不問成敗利鈍，向前邁進，得到解決西藏之目的。

10 月 28 日　星期四

叔仁先生與我家關係最深。今日特向其表示曰我雖老矣，有志為國家負責任、盡義務，至于我的家事，託你代我照料，請你替我家庭檢討過去之錯誤，研就將來之改善，得到家齊而後國治之目的云云。

10 月 29 日　星期五

上午十時出席本會常務會議，以研究班禪轉世為會議之中心。查班禪轉世關係重要情形複雜，中央對藏政治運動方法唯一在操縱活佛轉世，稍一不慎，影響國家主權。以近兩年西藏及英印之態度，及十四輩達賴轉世，英、藏兩方均認為中國對藏成功，當然對于此次班禪轉世多方破壞，使中國用佛教維持對藏主權政策之失敗。

10月30日　星期六
錄史可法先生對聯

把酒縱觀念一史，焚香靜對十三經。

上聯精神在動，表示其氣慨之開展。

下聯精神在靜，表示其內心之修養。

10月31日　星期日
蔣總裁現年五十七歲，陰曆九月十五日□時生，陽曆十月卅一日（即今日）余特于今晨五時起身，七時開車進城，九時到國民政府慶祝。譚繼雅表姪媳今晨同車進城，伊自張國書姪去世後心緒不佳，近患胃病，顏色憔悴。少年人如此命運，情殊可憫。

11月1日　星期一
上午九時參加中央紀念週，後出席中央常務會議，因孔兼財政部長就任十週年紀念，特請假先退席前往慶賀。蓋抗戰七年，財政關係最大，否則雖有武力亦難持久。吾國財政最大成功在開辦中央銀行，發行法幣，故有此良好結果也，亦孔兼財長辦理有方，其有功于黨國，值得吾人慶祝也。午後會晤姚味莘、沈宗濂、賈幼慧、趙祖康、茅以南等，姚來談赴伊盟辦理善後事，沈、賈談入藏事，赴、茅談青康公路及老友殷紹乘工作事。

1944 年
7 月 7 日　星期五

　　光陰過得快，不覺已屆抗戰七週年。世界戰局各戰場已成一體，歐洲戰局解決必在不遠，亞洲戰局美軍步步進入日本本土，敵人急急可危。敵人現在對我平漢、粵漢兩路之蠢動乃是掙扎最後之一擲，今後一年是我們最艱苦之一年，亦是爭取最後勝利之一年，大家努力奮鬥吧。上午八時國民政府舉行七七抗戰七週年紀念及七九革命軍誓師紀念合併舉行紀念會，余準時前往參加，蔣總裁領導行禮，葉楚滄先生報告。午後四時新任河南省主席劉茂恩兄（書霖）來訪，暢論此次河南軍事之失敗。午後五時回拜鄧主任晉康，午後六時潘昌猷兄在四川省銀行招待鄧主任晚餐，約余與徐可亭、曹纕蘅諸兄作陪。又大公報總經理胡政之兄午後來訪，暢論邊疆政治之得失以及國際形勢等大問題。

7 月 8 日　星期六

　　上午陳光甫兄來訪，據云美國決不致侵略中國，而我國現在及戰後均須美國幫忙。以目前對美之聯繫與美國對我之幫忙均感不足，應極積加強，更要請美國再幫助增加訓練陸軍五十師，以備戰後應付一切。前本會駐藏辦事處副處長張威白兄由藏回來，本晚（八日）偕陳雲蜀兄來見，詳談藏事二小時之久。威白在藏多年，甚為辛苦，但處事欠周，頗招物議，殊為可惜。且素患肺病，在西藏高原尚易療養，今一旦到肺病流行之重慶，隨時可以變化。余忠告其特別注意。

7月9日 星期日
【無記載】

7月10日 星期一
上午八時參加中央紀念週，出席中央常務會議，報衡陽郊區竟日惡戰，我以反包圍答復敵包圍，我已將包圍圈縮小，敵接濟路線處處被我截斷，使其陷于進退維谷之苦境，兩星期內必可將其擊潰。

7月11日 星期二
上午九時出席行政院會議，蔣兼院長主席。

美軍完全佔領塞班島（日軍一萬九千人戰死，居民一萬多人被俘）

塞班乃日本在馬里亞納群島之主要兵工廠，塞班乃日本在太平洋內圍的防線之主要據點。塞班乃日本海上咽喉，西北距東京約一千五百哩，美軍佔領該島後，可以作為進攻日本本土之跳板，美國超級空中堡壘將穿梭轟炸日本，由中國起飛轟炸日本，飛至塞班加油，再炸日本，然後返回中國基地。美軍于六月十五日在塞班登陸作戰，廿五日日守軍三萬人僅斃命者已達一萬人，敵人失去此等重要地方，全國上下驚惶失措，負責任之東條首相切腹之期將不遠矣。

10月23日 星期一
晨偕曾秘書長巡視府秘書處及民、財兩廳，復驅車往訪監察使署王副使。辭出續至南花園，小橋流水，樹

木深幽，別饒風趣。園中院屋甚多，盛世驥君築有西式
屋一幢居焉，頃者人去樓空，余擬闢為招待所招待來賓
之用。十一時許至公路局巡視，局乃上帝廟舊地，頗廣
敞。內有一屋尚存楊增新像，去鎖入視，銅像一座赫然
在目，氣宇雄偉。余感楊氏治新十七年，安定邊陲，功
不可沒，故行三鞠躬禮以示崇敬。午至省立醫院，院舍
新建，規模甚大，一部本為陶公祠。院內設備完整，並
有 X 光鏡兩座頗高大，內地亦所罕有。每日門診可五、
六百人，醫師多由中央派來，惟經費及藥品均短少，亟
待補救。該院另有南關分院一所，設病床三百餘，醫院
對門即建設廳，余巡視一週即返。午復接見庫車回部親
王達吾提，伊父及叔均為盛前督辦捕押，生死不明，求
余查釋。又見阿不都海米提大阿洪、熱合滿阿吉、韓履
忠、張瑞、柴震森等五人，係余新近批准釋放者。四時
接見水利委員會新疆測隊王鶴亭隊長，該隊現駐哈密對
於勘測計劃報告甚詳，余詳加勉勗。晚接文白兄電告宜
昌湘桂戰事好轉云云。

10月24日　星期二

　　晨赴省黨部視察，到部坐定，召集科長以上人員談
話，到卅餘人，均屬青年。余首謂新省環境特殊，推動
黨務首須認識環境，尤其對於各宗族及地方領袖注意尊
重。新省右毗外蒙，左鄰西藏，新舊文化與思想交流
匯萃，吾人如不將其風俗、習慣、思想、信仰得一了
解，則一切工作必致徒勞，甚至僨事。末謂諸君青年有
為，願大家珍重身體，努力工作云云。十時至警務處視

察各辦公室，頗為整齊。十時半出至門首，有十數老嫗婦女或為子求釋，或為夫呼援，聲淚俱下，余一一婉予勸慰，並面囑警務處長迅為查明辦理。十一時至教育廳與許廳長、劉副廳長、王主任秘書談話。劉年僅卅餘，新疆人，實為新省人才之一，余囑努力求學，切實襄助許廳長。旋參觀各科室，離廳返府已十二時餘矣。午後庫車回部親王達吾提來府查詢其父及叔之下落，據報各獄無此二人，恐已不在人世矣。吳特派員抄來吾國駐蘇傅大使致伊之電文，謂蘇聯外交部謂新疆近所採取之步驟，係以改善兩國關係為動機，惟應根據以後事實方能證明等語。如此傲慢，中、蘇關係之打聞將費周折也。

12月21日　星期四

　　晨卜司長來晤。余云關於新蘇經濟合作範圍，所謂廣泛的經濟合作，實無法釐清，不如擇雙方最切需之一、二物資訂約交換較為允當，卜亦稱是。余隨而向卜備致慰勉，謂其來此商談，意義重大，誠宜得一結果，庶幾不負此行。午時振委會第五救濟區第二批赴新兒童總領隊張仲儒來見，詳述途中遇匪槍殺難童及埋葬景狀，聲淚俱下，余切致慰問，並告以此次難童移新前，曾電告何局長競武暫緩運新，先在河西擇地過冬。蓋新省現值匪患，物資奇缺，又值嚴寒，難童來此，至感困難，如留住河西，一切較易為力，奈何局長不明此理，強運來新。不宜久留哈密，以其地小貧瘠，可即移吐魯番暫居，將來再送至焉耆，並囑張多多與民政廳接洽，且可至吐魯番與駐軍謝師長一晤，以期關照也。一時許

張始別去。午後二時塔里海提、廣祿、劉秉義等三人與
剿匪軍策劃人員侯參謀長、謝師長、趙課長、張課長、
余參謀長等五人，由余召至新大樓，會商剿匪事宜。首
敘伊甯事變原因與經過，旋即提供事變要點數項，均甚
允當。塔里海提尤多獨到意見，以渠如此青年，對軍事
形勢洞悉秘奧，洵為難得。余已將塔里海提等所陳事變
經過及意見，詳記於主新日記中。謝師長、侯參謀長明
日赴前線策劃剿匪事宜，李總司令日內亦將赴前方督
戰。余於塔等去後，留謝、侯兩人續談頗久。昨晚得朱
部長騮先兄由渝來電，略以出獄之新省黨工人員，設法
勸其繼續留新工作，以資熟練等語。余對各出獄同志均
經先後表示借重，奈伊等返渝心切，無法強留（余與朱
部長往來電文已另錄主新日記）。

12 月 22 日　星期五

　　余以本市糧價高漲，亟思救濟貧民食糧，特飭糧食
委員會籌濟，業已議定迪市貧民麵糶售暫行辦法，預計
政府一月需補貼六十萬元。上午十時舉行省政府委員會
第七十六次常會，決議議案數事：
（一）此次開釋人員請救濟者甚多，茲訂救濟標準十五
　　　　條，按其情節分別救濟。
（二）編製卅四年度概算，擬定各費標準。
（三）本省省參議會應限期籌備完成，並訂於卅四年
　　　　六月一日召開成立大會。
　　午後二時接見今日開釋之玉奴斯陰謀案犯肉孜商總
等十人，余備致慰問，彼等涕泗橫溢，悲不自勝，並稱

如同已死之人，今經開釋，惟有以一切獻給政府，協助
余建設新疆云云。三時許赴外交特派員公署訪晤劉特
派員澤榮夫婦。余與劉暢談國際問題，關於日蘇關係，
劉稱以往蘇聯惟恐日本夾攻故，佯與友善，今蘇聯不復
顧忌，故其對日態度轉趨露骨。將來世界大戰結束，盟
邦談判遠東事件與處置日本問題時，蘇聯利害攸關，勢
必插手，或將於日本將告崩潰時參加對日戰事，亦未可
料。歐洲方面，英、美對蘇聯因波蘭、巴爾幹及希臘諸
問題，容有齟齬之處，但在共同擊潰納粹之原則上，三
國不致有大衝突云云。復談及蘇德戰事及我國戰後維持
中立之不可能。歷一小時，始歡然握別。報載行政院例
會決議，新省彭委員兼廳長另有任用，任命盧郁文為省
委兼財廳廳長。關於迪化庫存財物移交一案，余分別電
向總裁與盛部長，表示俟盧到任，逕由盧接收。奉總裁
亥元電以據蘇駐迪領館廣播，有該國軍隊五千叛變逃
新，蘇當局曾懸賞二十萬俄幣偵查叛軍下落等語，囑迅
查報等因。經與卜司長、劉特派員研討，僉謂此項廣播
或係德人用俄語傳出者，余已呈總裁矣。

1957 年
1月9日　星期三
一、安徽同鄉（懷甯人）馬老先生伯瑤於一月七日上
　　午十時卅分逝世，享壽八十四歲，本日上午十時大
　　殮，下午三時出殯。我于上午九時前往致祭，昨日
　　並到馬府慰問。伯瑤先生係遜清舉人，服官多年，

官至道府等職，民國以來，曾任國會議員。伊子連
芳現任國民大會代表、經濟部農林司司長。

二、上午十時參加中央第三二八次常務會議，總裁主
席。第二組葉副主任翔之報告「半年來大陸工作情
況」。其結論，本年工作擬由靜轉動，又婦女工作
會錢主任劍秋報告「本黨目前婦女工作的情況及今
後工作方針」。

民國日記 99

吳忠信日記補編（下）

The Diaries of Wu Chung-hsin, Supplement - II

原　　著　吳忠信
主　　編　王文隆
總 編 輯　陳新林、呂芳上
執行編輯　李佳若
封面設計　陳新林
排　　版　溫心忻

出　　版　　開源書局出版有限公司

香港金鐘夏慤道 18 號海富中心
1 座 26 樓 06 室
TEL：+852-35860995

民國歷史文化學社 有限公司

10646 台北市大安區羅斯福路三段
37 號 7 樓之 1
TEL：+886-2-2369-6912
FAX：+886-2-2369-6990

http://www.rchcs.com.tw

初版一刷　2022 年 10 月 31 日
定　　價　新台幣 400 元
　　　　　港　幣 110 元
　　　　　美　元 15 元
I S B N　978-626-7157-64-0
印　　刷　長達印刷有限公司
　　　　　台北市西園路二段 50 巷 4 弄 21 號
　　　　　TEL：+886-2-2304-0488

國家圖書館出版品預行編目 (CIP) 資料

吳 忠 信 日 記 補 編 = The diaries of Wu Chung-hsin, supplement/ 吳忠信原著；王文隆主編 . -- 初版 . -- 臺北市：民國歷史文化學社有限公司，2022.10

　冊；　公分 . -- (民國日記；98-99)

ISBN 978-626-7157-63-3 （上冊：平裝).--
ISBN 978-626-7157-64-0 （下冊：平裝)

1.CST: 吳忠信　2.CST: 傳記

782.887　　　　　　　　　　111015371